삶의
무기가 되는
속담
사전

삶의
무기가 되는
속담
사전

544가지 속담으로 키우는
지식과 지혜

권승호 지음

JINOPRESS

속담으로 키우는 지식과 지혜

속담은 나침반이다. 인간의 심리와 세상 이치를 정확하게 알려주기 때문이다. 속담의 정확한 의미를 알게 되면 인간과 세상에 대한 이해가 깊어져서 더 지혜로운 삶을 살 수 있고, 속담을 상황에 맞춰 일상에 활용하게 되면 더 진한 행복 만들어낼 수 있다. 속담을 깊이 음미하면 우리의 마음이 더 부드러워지고 따뜻해져 더 많이 좋은 미소 지을 수 있게 된다. "남의 말도 석 달"이라는 속담 알면 뒷담화도 담담하게 받아들일 수 있고, "도둑맞으면 어미 품도 들춰본다"는 속담 이해하면 친구의 의심스러운 눈초리에 화내지 않을 수 있다. "어미 팔아 동무 산다"는 속담에 고개 끄덕이면 아들과 얼굴 붉히지 않을 수 있고, "눈이 아무리 밝아도 제 코는 안 보인다"는 속담 알면 내가 가진 엉터리 지식을 옳다고 우기는 부끄러운 짓을 하지 않게 된다. 속담과 친해지려 노력해야 하는 이유다.

속담은 보물 창고다. 삶에서 얻은 경험을 바탕으로 인간과 세상에 대한 진리를 가득 담고 있기 때문이다. 지혜 만들어내는 보석이고 눈물 닦아내는 손수건이며 미소 가져다주는 요술 방망이다. 친구가 내 일을 도와주지 않아 서운한 마음 밀려올 때 "남의 일은 오뉴월에도 손이 시리다"를 떠올리며 미소 지을 수 있고, 말 잘 듣던 아들이 어느 날 갑자기 멋대로 행동하여 속상할 때 "품안의 자식이라더니"를 중얼거리며 우울한 마음 가라앉힐 수 있다. 실패의 괴로움으로 머리 쥐어뜯으려는 순간 "한 달이 크면 한 달이 작다"를 되새김질하며 눈물 멈출 수 있다.

속담은 거울이다. 무심코 지나쳤던 일들을 다시 생각하게끔 만들고 앞으로 펼쳐질 일들도 헤아려보게 하기 때문이다. '미움' 자리에 '이해'와 '용서'가 자리 잡도록 도와주기도 한다. 소설이나 시나 수필이 인간과 사회를 더욱 폭넓게 이해할 수 있게 도와주는 것처럼 속담 역시 인간과 세상에 대한 이해를 도와주고 그로써 갈등과 분노와 서운함을 사라지도록 만든다. 말할 때나 글을 쓸 때 속담을 활용하게 되면 이해력, 집중력, 설득력을 증가시켜 더 많은 공감 끌어낼 수 있다. '인간은 너나없이 다 그런 것이지 뭐!', '세상이 다 그런 거지 뭐!', '나 또한 이기적인 사람인데 뭘!' 하면서 섭섭한 마음 사라지도록 도와준다. 좀 더 멋진 남편, 좀 더 현명한 아내, 좀 더 좋은 친구, 좀 더 너그러운 엄마 아빠, 좀 더 괜찮은 아들딸로 성장할 수 있는 발판 만들어준다.

흔적 없이 사라지는 것들이 많은 세상에서 오랜 시간 잡초처럼 살아남은 속담들. 옛말이지만 지금도 여전히 고개 끄덕이게 만드는 이유는 가치가 여전하기 때문이고 적은 시간 투자로 삶의 지혜 키워갈 수 있기 때문이다. 그런데도 요즘 사람들은 속담에 별 관심이 없어 보인다. 정확한 의미를 모른 채 문맥을 통해 대충 유추한 후 넘어간다. 이해하려 하지 않고 말과 글에 버무려볼 생각도 하지 않는다. 학생들 또한 영어단어와 숙어 공부하는 시간의 1만 분의 일도 속담 공부에 투자하지 않는다. 문학작품이나 자기계발서만큼 중요한 책이라는 사실을 알지 못하고 입시 공부만큼 중요한 공부임도 알지 못한다. 속상하고 안타까웠다. 그래서 많은 이들이 우리 속담과 더한층 친해지길 바라는 마음으로 이 책을 집필하게 되었다.

『삶의 무기가 되는 속담 사전』에는 인간을 이해하고 세상을 알아가는 데 도움이 되는 544가지의 속담을 엄선하여 담았다. 거기에 독자 여러분이 직접 생각의 가지 펼칠 수 있도록 나의 생각을 시 형식으로 덧붙였다. 아래의 여백에 자신의 생각을 덧붙여 적어보면 좋겠다는 생각에서였다. 서로의 생각을 나눠볼 마당이 된다면 참 좋겠다. 속담의 정확한 해설을 위해 속담과 함께 뒹굴면서 수많은 책장 넘겼고 이렇게저렇게 연구하고 또 연구하면서 땀 많이 흘렸지만, 많이 자랐고 아주 즐거웠다.

책에 실린 속담들을 하나씩 둘씩 긴 호흡으로 충분히 음미해보길 권

한다. (암기까지 해주면 더 좋겠다.) 이해하는 것으로 만족하지 말고 말하기와 글쓰기에 활용할 수 있을 만큼 완전한 자기 것으로 만들 수 있다면 참 좋겠다. 속담 공부를 통해 인간을 이해하고 자신을 더 잘 알고 이웃들을 더 깊게 사랑하고 배려하고 용서할 수 있게 된다면 좋겠다. 속담을 통해 우리 사회에 대한 이해가 더한층 깊어져 우리의 삶이 좀 더 따뜻해진다면 동짓달에 꽃 본 것만큼 행복하겠다.

2020년 9월
가을의 길목에서
지은이 권승호

차례

이 책은 가나다순으로 총 544개의 속담 이야기로 구성되어 있습니다.
585쪽 찾아보기에서 본문에 수록된 전체 속담 목록을 살펴볼 수 있습니다.

가까운 남이 먼 일가보다 낫다

친한 이웃은 먼 곳에 사는 일가친척보다 더 도움이 됨

이웃은 피 한 방울 섞이지 않는 남남이지만 가까이 생활하기 때문에 서로 도움을 주고받기 쉬워서 먼 곳에 사는 일가친척보다 훨씬 도움이 된다는 뜻이다. 물리적 거리가 있게 되면 사촌이라도 서로에게 도움을 주고받기 어렵지만 가까이 사는 이웃은 자주 만날 수 있기에 서로 도움을 주고받을 수 있어 좋다는 이야기다.

마음이 중요한 것 분명하지만
마음만으로 부족한 경우 적지 않다.
시간과 공간 함께하는 이웃들과
오순도순 정 나누어야 하는 이유다.

가까운 무당보다 먼 데 무당이 더 영험하다

가까운 것보다 멀리 있는 것을 더 높게 평가함
가까운 사람은 인정하고 싶지 않은 인간 심리

'무당'은 귀신을 섬겨 굿을 하고 길흉화복(吉凶禍福)을 점치는 일에 종사하는 사람이고, '영험하다'는 사람이 바라는 바를 들어주는 신령한 힘이 크다는 뜻이다. 옛날 사람들은 재앙이 닥쳤을 때나 바라는 바가 있을 때 무당에게 굿을 부탁하여 소원을 빌곤 했는데, 이때 마을 근처의 무당보다 먼 곳에 있는 무당에게 굿을 부탁하는 경우가 많았다. 먼 곳에 있는 무당이 가까운 곳에 있는 무당보다 신령한 힘이 크다고 생각했기 때문이다. 가까이 있는 것보다 멀리 있는 것을 더 가치 있게 평가하고 친분 있는 사람보다 친분 없는 사람을 더 능력 있다고 생각하는 인간 심리를 표현한 말이다.

전주 사람 전주 한옥 마을 시시하게 생각하고
서울 사람 서울에 별다른 구경거리 없다 생각한다.
국내 여행은 시시하다면서 해외 여행만 계획한다.
예수님도 당시 사람들에게 인정받지 못하셨고
공자님도 고향 사람들에게 인정받지 못하셨다.

가깝던 사람이 원수 된다

가까웠던 사람이 사이가 나빠지면
가깝지 않았던 사람들보다 더 좋지 않은 관계가 됨

친하지 않은 사람에게는 기대가 없으므로 자신의 부탁 들어주지 않아도 서운하지 않지만, 친한 사람에게는 기대가 크기 때문에 하찮은 거절에도 '네가 나에게 어떻게 그럴 수 있어?'라고 생각하여 엄청 서운하게 되고 심하면 원수까지 될 수 있다는 말이다.

가까운 사람은 이해해주리라 생각하여

덜 가까운 사람에게 더 잘해주는 어리석은 사람들

가까운 사람이니까 이해해 줄 수 있다고만 생각할 뿐

가까운 사람이니까 더 크게 서운할 수 있다는 사실은 모르는 어리석음.

먼 사람을 가까운 사람 만들려 노력하는 것보다

가까운 사람을 더 가깝게 만드는 것이 훨씬 쉬운 일인데.

ㄱ

가난 구제는 나라도 못한다

어떤 일이든 자기 스스로 해결해야지
남이 해결해 줄 수 없음

'나라'는 엄청난 능력과 힘을 지닌 조직이다. 그런데도 나라가 가난한 사람을 구제하지 못하는 이유는 끝이 없는 일이기 때문이다. '나라'도 해결해주기 힘든 어려운 일인데 어떻게 한 개인이 해결해 줄 수 있겠느냐는 뜻이다. 남의 도움으로 일을 해결하는 것이 한두 번은 가능하지만 계속 가능하지는 않다. 자신의 문제는 자신의 노력으로 해결해야 한다는 이야기다.

도와주는 것이 오히려 바보 만드는 경우 많은데
공부도 마찬가지다.
그 어떤 능력 있는 선생도
공부에 뜻 없는 학생의 실력 절대 키워줄 수 없다.
생각하지 않고 익히지 않는 학생에게는
그 어떤 훌륭한 가르침도 무용지물이다.
고기 주지 말고 고기 잡는 방법 알려주라 하였다.

가난도 스승이다

가난은 인간을 성숙시키는 중요한 역할을 함

부잣집 아이는 노력할 이유를 찾지 못하여 게으른 경우 많지만 가난한 집 아이는 배고픔을 면하기 위해 땀 흘리고 고민하며 연구한다. 가난이 불편한 것은 사실이지만 성장에 중요한 역할을 하기 때문에 원망하지 말고 감사하게 받아들여야 한다는 말이다. 가난해야 인내심 기를 수 있고 가난해야 작은 것에도 고마운 마음 생겨난다. 가난 경험이 고통 받는 사람 심정 헤아릴 수 있게 해주어 긍휼의 마음 만들어준다. 가난이 스승이고 가난이 재산이다.

자신을 키운 건 8할이 바람이었노라 노래한 시인이 있었다.
가난과 시련이 성장에 큰 역할을 한다는 이야기다.
열쇠는 가난이다.
가난은 발전의 원동력이고 동기 부여의 일등공신이다.

가난한 양반 씻나락 주무르듯

우물쭈물하면서 결정을 내리지 못함

'씻나락'은 씨앗으로 쓰기 위해 남겨놓은 나락이고 나락은 도정하지 않은 벼다. '주무르다'는 어떤 물건을 손으로 쥐었다 놓았다 하면서 자꾸 만진다는 의미다. 씻나락으로 방아를 찧게 되면 우선 당장 굶주림은 면할 수 있지만 봄에 씨앗을 뿌릴 수 없게 된다. 이와 달리 씨 뿌리기 위해 씻나락을 남겨놓게 되면 당장 굶어죽게 되는 상황이다. 선택이 쉽지 않은 상황에서 우물쭈물하기만 할 뿐 결정을 내리지 못하는 안타까운 모습을 표현한 말이다.

먹어야 하나 먹지 말아야 하나
오늘을 위해야 하나 내일을 위해야 하나
슬픔이고 쓰라림이다.
가난이 원수고 가난이 악마다.

가난한 집 제사 돌아오듯

경제적으로 어려운 형편인데
돈 들어갈 일이 끊임없이 찾아와서 고달픔

'제사'는 죽은 사람의 넋에 음식을 바치고 절을 함으로 정성을 나타내는 의식이다. 제사 지내기 위해서는 제사음식을 준비해야 하기에 돈이 필요하다. 끼니 때우기도 어려운 상황에서 제사가 계속 돌아오면 빚은 늘어나고 생활은 고달플 수밖에 없다. 하루하루 먹고살기도 힘든 가난한 집에 제사가 돌아와서 어려움을 겪는다는 뜻으로, 힘든 일이 끊임없이 닥쳐오는 고통스러운 상황을 일컫는 표현이다.

따르지 않으면 큰일 날 것으로 생각하여
기어이 전통 따르려 한다.
신이 명령한 것 아니라는 사실 모른 채.
인간이 만든 관습일 뿐이라는 사실 모른 채.

가는 날이 장날

뜻하는 일이 계획대로 되지 않음

'장'은 많은 사람이 모여서 여러 가지 물건을 사고파는 곳으로 보통 5일에 한 번씩 서는데 지역마다 날짜가 각각 다르다. 어떤 사람이 친구를 만나고 싶어 먼 길을 찾아갔는데 마침 그날이 그 지역의 장날이어서 장에 간 친구를 만나지 못했다는 뜻으로, 어떤 일을 하려 했는데 뜻하지 않은 일을 공교롭게 당함을 비유적으로 일컫는 말이다. 나쁜 일 만났을 때 많이 쓰지만 좋은 일 만났을 때도 쓴다.

가는 날이 장날이라 했던가?
가게 주인이 부친상 당했다고 가게 문 닫혔다.
가는 날이 장날이라 했던가?
개업 1주년이라며 20% 할인에 사은품까지 받았다.

가는 떡이 커야 오는 떡이 크다

남에게 주는 도움이 크면 남에게 받게 되는 도움도 크다

먹을 것이 귀하고 과자 등이 없었던 옛날에 떡은 고급 음식이었다. 내가 주는 떡이 크면 나에게 돌아오는 떡도 크다는 뜻으로, 자신이 베푼 만큼 받게 된다는 말이다. 뿌린 만큼 거둔다는 이야기이고 도움을 받고자 하면 먼저 도움을 주어야 한다는 이야기다.

생일 선물 많이 받는 방법 아주 단순하다.
이 친구 저 친구에게 생일 선물 많이 주면 된다.
술 많이 먹고 싶다면 술 많이 따라주면 되고
정 많이 받고 싶으면 정 많이 주면 된다.

가는 말에 채찍질

부지런하고 성실한 사람에게 더 잘하라고 독려함

잘 가고 있는 말에게 채찍질하여 더 빨리 달리게 만든다는 뜻으로, 열심히 하고 있는 사람에게 더 열심히 하라고 독촉함을 일컫는 말이다.

가는 말에 채찍질하면 더 빨리 달릴 수도 있지만
주저앉아버릴 수도 있다.
말의 성질 상태 등을 파악한 다음
채찍질을 할 것인가 말 것인가를 결정해야 하고
채찍질의 강도와 빈도까지 결정해야 한다.
요즘은 채찍질보다
머리 쓰다듬어줌이 정답이라는 생각을 더 많이 한다.

가는 말이 고와야 오는 말이 곱다

내가 상대방에게 잘해주어야 상대방도 나에게 잘해줌

자기가 상대방에게 말을 곱게 해야 상대방도 자기에게 곱게 말해 준다는 뜻으로, 결과의 원인은 몽땅 자신에게 있다는 말이다. 자신의 말과 행동이 상대방의 말과 행동을 결정한다는 의미고 모든 결과의 책임은 자신이 져야 한다는 이야기다.

아내에게 존댓말 하는 이유는
아내에게 존댓말 받고 싶기 때문.
단톡방 친구 메시지에 귀찮지만 답해주는 이유도
내가 쓴 메시지에 답장 받고 싶기 때문.

ㄱ

가는 방망이에 오는 홍두깨

남을 해치면 그보다 더 큰 화를 입게 됨
남을 해치려다 오히려 더 크게 해침을 당함

'방망이'는 무엇을 치거나 두드리거나 다듬는 데 쓰기 위해 둥그스름하게 깎아 만든 작은 몽둥이고 '홍두깨'는 다듬잇감을 감아서 다듬이질할 때 쓰기 위해 단단한 나무로 만든 큰 몽둥이다. 방망이 길이는 50cm 정도인데 홍두깨 길이는 100cm 정도이고 방망이 지름은 5cm 정도인데 홍두깨 지름은 15cm 정도다. 자신은 방망이로 때렸는데 상대방은 홍두깨로 때렸다는 뜻으로, 약하게 때리고 강하게 맞았다는 말이다. 남을 해치려다 오히려 더 큰 화를 입게 된 상황, 남에게 작은 손해 끼치고 더 크게 앙갚음당한 상황을 일컫는다.

남 때린 기억 거의 없다.
착해서가 아니라 맞고 싶지 않았기 때문.
앞으로도 절대 남 때리지 않을 것이다.
맞는 일 죽는 일만큼 싫기 때문.

가는 손님 뒤꼭지가 예쁘다

손님이 빨리 돌아가주니 고마움
남의 집에 오래 머물러서는 안 됨

손님이 찾아왔는데 양식이 모자라는 상황. 손님에게 밥을 주면 식구들이 굶어야 하는 상황, 그렇다고 대놓고 가라고 할 수도 없다. 스스로 상황을 파악하여 돌아가주기만을 바라고 있는데 손님이 눈치채고 돌아가주니 고맙다는 뜻이다. 먹을 것이 없을 때뿐 아니라 할 일이 많아 바쁠 때도 마찬가지다.

가능한 남의 집에 머무르지 않아야 하고
어쩔 수 없이 머물러야 한다면
오래 머물지 말아야 한다.
더 머무르라는 주인의 말은 인사치레인 경우가 많다.
만남은 기쁨이고 행복이지만
가능한 굵고 짧아야 한다.

가는 토끼 잡으려다 잡은 토끼 놓친다

지나친 욕심은 오히려 좋지 못한 결과를 가져옴

도망치는 토끼 잡으려는 욕심으로 이미 잡은 토끼를 내려놓게 되면 잡았던 토기마저 놓치게 된다는 뜻이다. 지나친 욕심은 손해를 가져오게 되니까 자기가 가진 것에 만족할 수 있어야 한다는 이야기다.

'가는 토끼는 나중에 잡아야지'라고 생각할 수만 있다면
'가는 토끼 주인은 따로 있겠지'라고 생각할 수 있기만 하다면
'한 마리 토끼로도 충분해'라고 생각할 수만 있다면

가랑비에 옷 젖는 줄 모른다

대수롭지 않은 일일지라도 거듭되면
무시할 수 없을 정도로 커짐

'가랑비'는 가늘게 조금씩 내리는 비다. 아주 조금이기 때문에 어느 정도까지는 옷이 젖는 줄 깨닫지 못하지만 오랜 시간 계속되면 옷이 젖을 수밖에 없다. 아무리 사소할지라도 그것이 거듭되면 무시하지 못할 정도로 크게 되는 것이니 적다는 이유로 무시해서는 안 된다는 말이다.

데미샘 물, 손바닥에 담을 만했다.
섬진강 하류, 바다인 줄 알았다.
'작으니까', '조금이니까', '한 번이니까'라는 생각은
참 무서운 생각이다.

가랑잎에 불붙듯

성미가 급하여 발끈 화를 잘 냄

'가랑잎'은 활엽수의 마른 잎인데 불이 한 번 붙게 되면 순식간에 걷잡을 수 없이 타버리는 성질을 지니고 있다. 가랑잎에 불붙는 것처럼 빠르게 번진다는 뜻으로, 성질이 급하고 도량이 좁아 화를 잘 내는 사람을 일컫는 비유적 표현이다.

가랑잎에 불붙듯 하는 성미 때문에
가랑잎 따라 아궁이 속으로 들어가고 싶어졌던 때 있었다.
후회하고 또 후회해도 고쳐지지 않는 성미 급함 때문에
머리끝에서 발끝까지 가랑잎 불붙 듯했던 때 있었다.

가랑잎으로 눈 가리기

허물을 숨기기 위해 애를 쓰지만 효과가 없음

가랑잎으로 자신의 눈을 가리면 자신만 볼 수 없을 뿐 세상은 그대로이다. 자신이 보지 못한다고 남들도 보지 못할 것이라 생각한다는 뜻으로, 자신의 존재나 허물을 감추기 위해 되지도 않는 일을 미련하게 하는 것을 일컫는 말이다.

유리컵 깨뜨렸다.
두려운 마음에 부리나케 텃밭에 묻었다.
이듬해 어느 봄날
할머니 손가락에 핏물 묻어 있었다.

ㄱ

가랑잎이 솔잎더러 바스락거린다고 한다

자기 허물 많은 줄은 모르고 남의 작은 허물만 흉봄

'가랑잎'은 잎이 넓은 마른 잎이고 '솔잎'은 소나무 잎이다. 넓적한 가랑잎이 내는 소리는 크지만 바늘같이 작은 솔잎이 내는 소리는 작다. 큰 소리를 내는 가랑잎이 작은 소리를 내는 솔잎에게 시끄럽다며 야단친다는 뜻으로, 자신의 커다란 잘못은 알지 못하고 남의 작은 잘못만 흉보는 어리석음을 일컫는 말이다.

내가 하면 로맨스고 남이 하면 불륜이란다.
자신의 잘못은 시인하지 않고 남의 잘못만 지적하며 나무란다.
남의 눈 티끌은 보면서 자기 눈 대들보는 보지 못한다.
솔잎 나무랄 자격 있는 가랑잎 하나도 없다.

가루는 칠수록 고와지고 말은 할수록 거칠어진다

이러쿵저러쿵 시비가 길어지면 큰 싸움이 됨
말이 많으면 손해 보는 일이 많아짐

'치다'는 때리거나 두드린다는 의미다. 가루는 여러 번 칠수록 고와지지만(더 작은 가루가 되지만) 말은 많이 할수록 시비가 붙을 수 있고 오해도 생겨날 수 있다는 뜻이다. 말은 가능한 짧게 하는 것이 좋다는 이야기다.

일하는 시간 오래 걸리는 이유는
일할 줄 모르기 때문.
말을 많이 하는 이유는
말할 줄 모르기 때문.

ㄱ

가마 타고 시집가기는 다 틀렸다

일이 제대로 되지 않아 격식과 채비를 갖추기 어려움

'가마'는 사람을 태우고 갈 수 있도록 만든 조그마한 집 모양의 '탈 것'이다. 옛날에 시집갈 때는 가마를 타고 가는 것이 격식이었는데 상황이 여의치 못하여 걸어가게 되었다는 뜻이다. 격식과 의식을 차리지 못한 채 일을 치르게 되었을 때 쓰는 표현으로 제대로 일을 처리하기 어려워진 상황을 일컫는다.

꼭 가마 타지 않아도 되는데
사람들이 만든 관습일 뿐인데.

가뭄에 돌 친다

일하기 좋은 상황일 때 일해야 함
미리 준비하는 것이 좋음

'가뭄'은 오랫동안 비가 내리지 않아 메마른 날씨를 말하고 '친다'
는 치운다는 의미다. 도랑은 물을 흘려보내기 위해 만들었는데 시
간이 흐르면서 산에서 내려온 돌멩이, 흙, 나뭇가지 등이 쌓이게
된다. 그렇게 되면 비가 많이 올 때 물이 잘 흘러가지 못해 도랑이
넘쳐 집이 물에 잠기게 되고 농작물도 피해를 보게 된다. 도랑을
정비하는 것이 중요한데 도랑을 정비하기 좋은 때는 도랑에 물이
없는 가뭄 때라는 뜻이다. 아무 때나 하지 말고 일하기 좋은 상황
일 때 일하는 것이 현명하다는 이야기다.

'열심히'가 중요한 것 맞지만
더 중요한 것은
때, 장소, 상황, 분위기를 잘 살펴야 한다는 사실.

가물에 콩 나듯

일이 어쩌다 한 번씩 드물게 있고
물건이 어쩌다 하나씩 드물게 있음

가뭄에는 수분 부족으로 심은 콩이 제대로 싹 나지 못하고 듬성듬
성 난다는 뜻으로, 어쩌다 한 번씩 일어나는 일이나 물건이 드문
드문 있는 경우를 일컫는다. 아주 적음을 나타내는 표현이고 썩
드물게 일어남을 일컫는 표현이다.

그래도 감사할 일이다.
한두 개는 살아남았다니.
종족은 유지할 수 있게 되었으니.

가뭄 끝은 있어도 장마 끝은 없다

가뭄에 의한 피해보다 장마에 의한 피해가 훨씬 큼

가뭄에는 곡식을 조금이라도 거둘 수 있지만 장마에는 홍수가 농작물을 몽땅 쓸어가버려서 조금도 얻을 수 없다. 장마는 농작물뿐 아니라 집, 논, 밭, 시설물 등 모든 것을 다 쓸어가버리고 심하면 인명피해까지 발생시킨다. 가뭄 피해는 적지만 장마 피해는 엄청나다는 뜻으로, 장마에 대한 대비가 필요하다는 이야기다.

가뭄 앞에서 울부짖는 손주에게
할아버지께서 조용히 다가갔다.
"힘들지만 괜찮아.
홍수 아니고 가뭄이니까 괜찮아."

가을에는 부지깽이도 덤빈다

가을 추수기에는 할 일이 너무 많아 모든 사람이 엄청 바쁨

'부지깽이'는 아궁이에 불을 피울 때 불이 잘 타도록 도움을 주는 길고 가느다란 막대기고, '덤비다'는 무엇을 이뤄보려고 적극적으로 뛰어든다는 의미다. 가을은 추수 때문에 엄청 바빠서 손도 발도 없는 부지깽이까지 일하기 위해 덤빈다는 뜻으로, 너나없이 바쁜 농촌의 가을 생활상을 표현한 말이다.

학생들이 좋아하지 않은 방학이 있었다.
농번기 방학.
공부 그까짓 것이 뭐가 중요하냐고 했다.
농사보다 더 중요한 것은 없다 했다.
50년 전. 대한민국.

가자니 태산이요 돌아서자니 숭산이라

이러지도 못하고 저러지도 못하는 난감한 처지

'태산'과 '숭산'은 높고 큰 산을 일컫는다. 앞으로 가자니 태산이 가로막고 있어서 힘들고 뒤돌아가자니 숭산이 가로막아 있어서 힘들다는 뜻으로, 이럴 수도 없고 저럴 수도 없는 난감한 상황을 비유적으로 일컫는 표현이다.

"엄마가 좋냐? 아빠가 좋냐?"라는 아빠의 질문에
울음을 터트렸었다.
"어머님이 좋아? 내가 좋아?"라는 아내의 질문에
뛰면서 도망치고 싶었다.

가재는 게 편이라

모양이나 형편이 비슷한 것끼리는 서로 도와주고 편들어줌

가재와 게는 모양새가 비슷하다. 가재는 자연스럽게 게 편을 들어 준다는 뜻으로, 형편이 비슷한 사람끼리는 서로 도와주고 감싸준 다는 말이다. '솔개는 매 편', '초록은 동색', '유유상종(類類相從)'도 같은 의미다.

슬퍼 말고 억울해하지도 말아라.
너의 애국심이 당연한 것처럼
가재가 게 편인 것도 자연스러운 일이니.

가지 많은 나무 바람 잘 날 없다

자식을 많이 둔 부모는
근심 걱정이 끊이지 않고 편안한 날도 많지 않음

'바람 잘 날'은 바람이 잠자는 날, 바람이 불지 않는 날이라는 의미로 편안한 시간을 일컫는 표현이다. 가지가 많으면 나무가 흔들릴 수밖에 없는 것처럼 자식이 많으면 부모의 근심 걱정이 사라질 날이 없다는 말이다.

세 살 자식도 걱정의 대상이지만
예순 살 자식도 걱정의 대상이다.
사업에 실패한 아들도 근심의 대상이지만
국회의원 아들도 근심의 대상이다.

ㄱ

간에 붙었다 쓸개에 붙었다 한다

줏대도 지조도 없이 이익에 따라 행동함

간에만 붙어 있든 쓸개에만 붙어 있든 할 것이지 간에 붙었다가 쓸개에 붙었다가 한다는 의미다. 어느 쪽이 자기에게 유리할 것인지를 계산하느라 지조 없이 이쪽저쪽으로 옮겨다닌다는 뜻으로, 자신의 이익만 추구하는 행동을 비웃는 표현이다.

이리저리 옮겨다니는 일
쉬운 일 결코 아닌데
여기 갔다 저기 갔다 하면
여기서도 저기서도 환영받지 못하는 법인데.

감나무 밑에 누워 홍시 떨어지기 바란다

노력은 하지 않으면서 좋은 결과만 바람

감나무 아래에 누어서 감이 떨어져 입속으로 들어가 주기만을 기다린다는 뜻으로, 열심히 노력해서 얻으려 하지 않고 공짜로 쉽게 얻으려 한다는 이야기다.

감나무 밑에 누워 홍시 떨어지기 바라는 사람이 바보인 이유는
홍시가 입속에 들어올 리 없다는 사실 모르기 때문 아니라
땀 흘리는 즐거움을 모르기 때문이고
땀 흘린 뒤 찾아오는 날아갈 것 같은 기쁨 모르기 때문이다.

값도 모르고 싸다고 한다

알지도 못하면서 이러쿵저러쿵 참견함

시장에서 거래되는 물건의 값을 알아야 어떤 물건의 가격이 싼지
비싼지에 대해 이야기할 수 있다. 시장에서 거래되는 가격도 알지
못하면서 싸다고 말한다는 뜻으로, 일의 내용도 모르면서 잘 알고
있는 것처럼 이야기하는 사람을 비꼬는 표현이다

무슨 말인가 하고 싶어
아무 말이나 하는 사람 있다.
거짓말하고 싶어서 거짓말하는 것이 아닌
무슨 말인가는 하고 싶어서
악의 없이 거짓말하는 사람 주위에 적지 않다.

강 건너 불구경

남의 일처럼 여겨 관심 없이 지켜보기만 함
무관심한 태도

불은 빠른 속도로 번져나가는 성질이 있기에 서둘러 꺼야만 피해를 줄일 수 있다. 옆집에 불이 나면 내 집으로 번져올 수 있기 때문에 어떤 방법을 동원해서라도 끄려 하지만, 강 건너에서 불이 나면 불은 강을 건너지 못한다는 판단으로 끌 생각을 하지 않고 구경만 한다는 뜻이다. 매우 중요한 일임에도 자신과 관계없는 일이라 여겨 관심을 두지 않는 태도를 비난하는 표현이다.

인간은 이기적이고 남의 일에 관심 없다.
남의 불행에 즐거워하지 않는 것만도 다행이다.
강 건너 불구경하는 사람 욕할 자격 그대는 가지고 있는가?
부리나케 강 건너 가겠노라고 당당하게 말할 자신
그대는 가지고 있는가?

강물도 쓰면 준다

아무리 많은 것일지라도 아껴 써야 함

강물은 무한하여서 쓰고 또 쓸지라도 줄어들지 않으리라 생각하지만 함부로 쓰다 보면 언젠가 없어지게 된다는 뜻이다. 아무리 많을지라도 아껴 쓰지 않고 헤프게 쓰면 부족하게 된다는 말이고 많이 있을 때 아껴 써야 한다는 이야기다.

로또복권 1등 당첨으로 오히려 거지가 된 사람 있단다.
써도 써도 줄어들지 않으리라 생각했단다.

개 발에 주석 편자

옷차림이나 지닌 물건 등이 서로 어울리지 않음

'편자'는 말의 발톱에 붙이는 쇳조각이다. 말은 많이 걷고 달리기 때문에 편자를 붙여서 발톱 닳음을 방지한다. 말 발톱에 맞는 주석으로 만든 커다란 편자를 개의 작은 발톱에 붙이는 것은 세 살배기 어린아이에게 어른의 큰 구두를 신게 하는 것처럼 어울리지 않는다는 뜻으로, 서로 어울리지 않는 것을 일컫는 비유적 표현이다. '거적문에 돌쩌귀'도 같은 의미다.

개발에 주석 편자만큼 웃기는 일 많다.
초등학생에 영어공부 시키는 일
중학생에게 고등학교 수학 공부시키는 일
스스로 공부할 시간 빼앗는 일.

개 보름 쇠듯

제대로 먹지 못하고 지냄

'보름'은 음력 15일인데 옛사람들은 매달 보름을 명절날로 여겨 맛있는 음식을 먹으며 즐기곤 했다. 그런데 정월 보름날에 개에게 음식을 주게 되면 여름에 파리가 많이 꼬인다는 속설을 믿었던 사람들은 보름날에는 아예 개에게 먹이를 주지 않았다고 한다. 보름날 개가 굶는 것처럼 제대로 먹지 못하고 지내는 가난한 사람들의 아픔에 대한 비유적 표현이다.

'개 보름 쇠듯'은
육체의 힘을 빼앗지만
정신의 힘은 키워준다고 한다.

개구리 올챙이 적 생각 못한다

형편이 나아졌다는 이유로
어려웠던 시절을 잊어버리고 잘난 척함

뛰기 잘하고 헤엄도 잘 치는 개구리이지만 올챙이 시절에는 뛰지도 헤엄치지도 못했다. 아무것도 할 줄 몰랐던 올챙이 시절을 기억하지 못하는 개구리라는 뜻으로, 성공한 후에 부족하고 어려웠던 시절을 잊어버리고 잘난 체하는 인간을 비꼬는 표현이다.

비웃지는 말아야 한다.
화장실 가는 일 자연스러운 것처럼
바보 같았던 과거의 삶 기억 못하는 것
자연스러운 일이니.

개구리도 움쳐야 뛴다

아무리 급할지라도 준비가 있어야 잘해낼 수 있음

'움치다'는 몸이나 몸의 일부를 오그리어 작게 한다는 의미다. 개구리가 뛰기 직전에 몸을 움치는 이유는 멀리 뛰기 위한 준비다. 준비 없이는 좋은 결과를 얻어낼 수 없다. 2보 전진을 위해서는 웃음 지으면서 1보 후퇴할 수 있어야 한다는 이야기다.

물러서는 것을 패배라 생각하는 사람은
미소 지을 수 없다.
물러서는 것이 승리의 준비임을 모르는 사람은
인생에 관해 이야기할 자격 없다.

개도 나갈 구멍을 보고 쫓는다

지나치게 공격하면 도리어 손해를 입게 됨
도망칠 기회를 주는 것이 현명함

아무리 둘러보아도 도망칠 방법이 없다고 판단되면 이렇게 죽으
나 저렇게 죽으나 마찬가지라는 심정으로 공격자에게 덤벼들 수
밖에 없다. 도망칠 구멍을 주고 쫓아야 개의 공격을 피할 수 있다
는 뜻으로, 어려운 상황에 있는 사람을 너무 심하게 몰아붙여서는
안 된다는 말이다. 싸우지 않고 이기는 것이 멋진 승리다. 상처 입
은 승리는 절반의 승리일 뿐이라는 이야기다.

도망치는 것 눈감아줄 수 있어야 하고
도망치려는 마음 이해해주어야 한다.
대들보 위 도둑을 양상군자(梁上君子)라 이야기해줄 수 있어야 하고
장발장을 용서한 미라엘 주교의 용서도 본받을 수 있어야 한다.

개도 제 주인은 알아본다

주인의 은혜를 모르는 사람을 비꼬는 말

'개'는 '충성', '심부름꾼', '안내자'라는 의미로 많이 쓰이지만 '비천함', '모자람'의 의미로도 쓰인다. 개도 주인을 알아보는데 인간이 주인을 알아보지 못해서야 쓰겠느냐는 뜻으로, 자신에게 정신적 물질적으로 도움을 베풀어준 사람의 은혜를 잊어버린 사람을 비난할 때 쓰는 표현이다.

알아주고 인정해주고 은혜 베풀어준 사람을 위해
땀 흘리는 것 마다하지 않는 마음은
남녀노소 누구나 가지고 있는 마음이다.
짐승도 가지고 있는 마음이다. 짐승도.

개똥도 약에 쓰려면 없다

보잘것없고 흔한 물건일지라도
정작 필요해서 찾으면 구하기 어려움

개똥은 길이나 논밭 등에서 쉽게 찾을 수 있지만 약으로 쓰기 위해 찾으면 눈에 보이지 않는다는 뜻이다. 세상에 널려 있는 것일지라도 막상 필요한 상황이 되면 찾기가 쉽지 않다는 이야기다.

평소 꼼꼼히 관찰하고
평소 잘 기억해두었어야 했는데.

개똥밭에 굴러도 이승이 낫다

아무리 고통스럽고 비천하게 생활할지라도
죽는 것보다는 사는 것이 나음

'개똥밭'은 개똥이 많은 밭으로 더러운 곳을 일컫고 '이승'은 이 세상이라는 의미로 지금 살고 있는 세상을 일컫는다. 더러운 곳에서 무시받으면서 고통스럽게 살지라도 죽는 것보다는 나은 것이니 나쁜 상황이라는 이유로 슬퍼해서는 안 된다는 말이다. 살아 숨 쉬는 자체가 축복이라는 이야기다.

오늘은 어제 죽은 이가 그토록 그리던 내일이라 했다.
살아 있음에 감사해야 하는 이유다.
개똥 먹으면서 기회 기다려야 멋진 사람이다.

개밥에 도토리

사람들과 어울리지 못하고 겉돎

개가 참나무 아래에서 밥을 먹고 있을 때 나무에 매달려 있던 도토리가 개밥 그릇에 떨어졌다. 이때 개가 도토리를 한쪽으로 밀어내면서 밥만 먹은 모습을 도토리가 따돌림 받은 것으로 인식한 데서 나온 속담이다. 개밥에 도토리를 섞어주었을 때 개가 밥은 좋아하지만 도토리는 쳐다보지도 않는 일에서 나온 속담으로 보기도 한다.

주면 다가오고
져주면 다가온다.
웃으면 다가오고
다가가면 다가온다.

ㄱ

개살구도 맛들일 탓

정을 붙이면 나쁘게 생각되던 것도 좋아짐

'개살구'는 살구보다 맛이 시고 떫은 살구다. 시고 떫어서 맛없는 개살구이지만 계속 먹다 보면 그 맛에 길들어서 좋아지게 된다는 뜻으로, 좋지 못한 일도 계속 하다 보면 정이 붙게 되고 어색했던 일도 계속하다 보면 재미있어진다는 말이다. 일의 좋고 나쁨은 그 일을 하는 사람의 마음에 달려 있다는 이야기이기도 하다.

처음에는 어색하지만
시간 가지고 여유 가지고 여러 번 하다 보면
좋다는 사실 알게 되고
맛 알게 되며
미소 지을 수 있게 된다.
자세히 보아야 예쁘다 했고
오래 보아야 사랑스럽다 했다.

개살구도 살구다

약간의 차이는 있지만 본질은 같음

개살구는 떫고 맛이 없어서 가치가 떨어지긴 하지만 살구인 것은 분명하다는 뜻으로, 차이가 있기 하지만 본질에는 큰 차이가 없다는 이야기다.

공부 못해도 학생이고
추가 합격도 합격이다.
헌 옷도 옷이고
호박꽃도 꽃이다.
개살구가 약 된다 말하는 사람 있고
개살구가 더 맛있다 말하는 사람도 있다.

개장수도 올가미가 있어야 한다

무슨 일을 하든 거기에 필요한 준비와 도구가 있어야
일을 제대로 할 수 있음

'개장수'는 개를 사고파는 사람이고 '올가미'는 끈이나 줄 등으로
고리를 만들어 짐승을 잡는 도구다. 걸어서 서울 갈 수 없는 것은
아니지만 자동차를 타고 가는 게 효율적인 것처럼 맨손으로도 개
를 잡을 수는 있지만 올가미를 사용하는 게 쉽고 빠르며 안전하다
는 뜻이다. 준비가 있고 도구가 있어야 일을 제대로 효율적으로
할 수 있다는 이야기다. '거미도 줄을 쳐야 벌레를 잡는다'도 같은
의미다.

아무리 바빠도 바늘허리에 실 매어 쓸 수 없고
아무리 아까워도 마중물 부어야 한다.
나무 밸 시간 8시간 주어진다면
6시간을 도끼의 날 가는 데 사용하겠다던
링컨의 말도 음미해볼 수 있어야 한다.

개천에서 용 난다

시원찮은 환경이나 변변찮은 부모에게서 빼어난 인물이 나옴

'개천'은 좁고 작은 물줄기로 강(江)보다 작은 내를 일컫고 '용(龍)'은 뱀보다 훨씬 큰 상상의 동물로 권력이나 명예나 부유함을 상징한다. 보잘것없는 개천에서 용이 나왔다는 뜻으로, 변변치 못한 환경이나 집안에서 훌륭한 인재가 나왔다는 이야기다. 좋지 못한 환경이나 조건을 극복하고 위대한 업적을 이루었거나 높은 지위에 올랐을 때 쓰는 표현이다.

개천에서 용 나기 어려운 세상이라고?
아니지, 개천에서 용 더 많이 나오는 세상이지.
그 어떤 능력이나 노력으로도 행복 불가능했던 과거와 달리
신분이나 경제적 어려움 때문에
공부 못하는 사람 없고
기회 주어지지 않는 사람 없는 오늘이니까.
확인하라. 지금 성공한 사람들의 출발선.
개천인 사람이 많은지 개천 아닌 사람이 많은지.

ㄱ

거지도 부지런하면 더운밥을 먹는다

부지런하기만 하면 어떤 상황에서도 복 받으며 잘 살 수 있음

더운밥을 먹으면 귀하게 대접받은 것으로 여겼고 찬밥을 얻어먹으면 푸대접받은 것으로 여겼다. 대부분의 거지는 찬밥도 겨우 먹지만 거지일지라도 부지런하기만 하면 더운밥을 먹을 수 있다는 뜻이다. 부지런하기만 하면 좋은 결과를 만들어낼 수 있다. 부지런함은 아름다운 열매를 가져다준다는 이야기다.

정답은 부지런함이다.
부지런함은 행복을 만나게 해준다.
부지런함은 인간이 할 수 있는 최선의 투자다.
게으른 자에게는 어려운 일도
부지런한 자에게는 쉬운 일이 된다.

걷기도 전에 뛰려고 한다

쉽고 작은 일도 못하면서 어렵고 큰 일을 하겠다며 덤빔

기어다닐 수 있어야 걸을 수 있고 걸을 수 있어야 뛸 수도 있다. 걷는 능력 기르기도 전에 뛰려 한다는 뜻으로, 쉽고 간단한 일도 해낼 능력 없으면서 어렵고 큰 일을 하겠다며 큰소리치고 덤비는 행동을 비꼬는 말이다.

욕심부리지 마라.

뛸 기회 앞으로 많이 남아 있으니.

지금 뛰다 다치면

앞으로 뛸 기회 잡지 못할 것이니.

겨울이 지나지 않고 봄이 오랴

세상일에는 일정한 순서가 있고 급하다고 억지로 할 수는 없음
시련을 견뎌내야 기쁜 일 맞이할 수 있음

겨울 가야 봄 오는 것이 세상 이치이니 이 이치를 따라야 한다는
뜻이다. 모든 일에는 순서가 있는 것이니 순서에 따라야 하고 억
지 부리면서 서두르게 되면 일을 그르치게 된다는 이야기다.

겨울 지나야 봄맞이할 수 있는 것처럼
시련 견뎌내야 기쁨 맛볼 수 있다.
시련이 고통이긴 하지만 발전의 원동력이 되고
숙성의 시간 없으면 완전한 맛 내지 못하는 경우가 대부분이다.

계란으로 바위 치기

불가능한 일을 하려고 덤비게 되면
성공을 가져오기는커녕 자기 파멸만 가져옴

계란으로 바위를 치게 되면 계란은 산산조각 나지만 바위는 조금도 상처를 입지 않는다. 약한 사람이 큰 힘 가진 상대에게 보잘것없는 힘으로 대들게 되면 이기기는커녕 파멸만 가져올 뿐이다. 하찮은 힘을 가진 사람이 대적할 수 없는 상대에게 도전하는 어리석음을 비웃는 표현이다.

때론 계란으로 바위 칠 필요도 있다.
바위에게 상처 주는 효과는 있고
가슴의 답답증 풀어주는 효과까지 있으니.

ㄱ

고기는 씹어야 맛이요 말은 해야 맛이다

하고 싶은 말을 거리낌없이 쏟아낼 필요도 있음

고기를 즐겨 먹는 이유는 건강 때문이기도 하지만 씹을 때 느끼는 기쁨 때문이기도 하다. 음식의 맛은 씹는 순간에 느끼는 것이니 잘 씹어야 한다는 말이다. 침묵이 필요한 때도 있지만 말해야 하는 상황이라면 가슴에 묻어두지 말고 쏟아내버려야 미련도 후회도 남지 않아 건강에 좋다는 말이다. 하고 싶은 말을 표현하지 못한 채 끙끙대며 애태우지 말고 속 시원하게 해버리는 것이 자신을 위해서도 상대방을 위해서도 좋다는 이야기다.

갑돌이와 갑순이의 사랑이 결실 맺지 못한 이유는
말하지 않았기 때문.
거절 받을까 두려워 고백 못하였기 때문.
말은 해야 맛이라 했다.

고기도 먹어본 사람이 잘 먹는다

무슨 일이든 늘 하던 사람이 잘함

고기라 해서 누구나 다 잘 먹는 것은 아니다. 평소에 고기를 자주 먹어본 사람만이 맛을 즐길 수 있고 먹기도 잘한다. 어떤 일이든 여러 번 해봄으로써 익숙해진 사람이 더 잘할 수 있다는 이야기다.

타고난 재주만으로 '생활의 달인' 된 사람 한 사람도 없더라.

반복해서 했기 때문에 달인 되었을 뿐이더라.

여러 번 해도 못하는 사람은 있지만

한두 번 해서 잘하는 사람은 단 한 사람도 없더라.

고기도 저 놀던 물이 좋다

낯익은 장소가 좋고 자주 만나는 사람이 좋음

물고기는 평소 생활해온 곳에서 더 편안함을 느낀다고 한다. 사람 또한 오랜 시간 생활해온 장소를 좋아하고 가깝게 지냈던 사람들과 함께하는 것을 좋아한다. 모든 생명체는 익숙한 환경이나 익숙한 사람에게서 편안함을 느낀다는 이야기다. 변화를 싫어하는 인간 심리를 표현한 말이다.

힘들 때마다 고향 찾아간다.
엄마 밥이 제일 맛있다.
어렸을 적 친구에게서 편안함을 느낀다.
홈그라운드에서의 승률이 높다.

고래 싸움에 새우 등 터진다

힘센 사람들의 싸움 때문에
곁에 있던 약한 사람들이 괜히 피해를 보게 됨

고래끼리 싸우게 되면 그 곁에 있던 새우가 괜히 등이 터지는 피해를 보게 된다. 힘센 강자들끼리의 싸움 때문에 그 틈바구니에 있던 약자가 잘못도 없이 억울하게 손해 입게 됨을 일컫는 말이다.

싸움터에서는 누구라도 아무 이유 없이 불똥 맞을 수 있다.
작은 싸움터일지라도 어떤 이유로든 가지 않는 게 최선
고래들 싸우는 곳은 무조건 피하는 게 상책.

고름 놓아둔다고 살 되나

나쁜 것은 좋은 것으로 변할 수 없으니
과감하게 제거하고 새롭게 시작하는 것이 좋음

'고름'은 미생물이 인체에 침입하여 염증을 일으킬 때 생기는 진하고 노르스름한 빛을 띠는 액체인데 어떤 경우에도 살로 바뀌지 않는다. 고름은 절대 살이 될 수 없는 것이니 미련 없이 제거해야 한다는 뜻으로, 잘못된 것은 과감히 없애버리고 새롭게 시작하는 것이 좋다는 이야기다.

버리지 못하는 것도 고름이고
미련 가지는 것도 고름이다.
고름은 또 다른 고름 만들어낸다.
빈 공간이라야 새로운 것 찾아온다.

고뿔도 남 안 준다

몹시 인색하고 욕심이 많음

'고뿔'은 코(고)에 불(뿔)이 붙었다는 의미로 '감기'의 또 다른 이름이다. 모든 질병이 그렇듯 감기 역시 사람에게 고통을 주기 때문에 가능한 사라져주기를 기대하고 몰아내려 힘쓴다. 가지고 있으면 절대 이익 되지 못하고 손해일 수밖에 없는 감기까지 남에게 주지 않으려 한다는 뜻으로, 몹시 인색하고 욕심 많은 사람을 비꼬는 표현이다.

대단한 집착이고 욕심이다.
결국 고뿔로 죽을 것이다.

고사리도 꺾을 때 꺾어야 한다

무슨 일이든 해야 할 시기가 있는 것이니
그때를 놓치지 말고 해야 함

'고사리'는 이른봄에 뿌리줄기에서 돋아난 어린잎을 꺾어 말려서
먹는 식물이다. '고사리는 귀신도 좋아한다'라는 말이 있을 정도로
맛있는 식물이지만 채취 시기가 지난 다음에 꺾게 되면 질겨서 아
예 먹을 수 없게 된다. 고사리를 꺾으려면 부드러울 때 꺾어야 한
다는 뜻으로, 어떤 일이든 때를 맞춰서 하면 가치가 있지만 때를
맞추지 못하면 가치가 없어진다는 이야기다. '쇠뿔도 단김에 빼라'
도 같은 의미다.

서두르다 망한 경우 있고
미루다 망한 경우도 있다.
할머니와 어머니께서는 참 대단하셨다.
때, 신기하게도 잘 맞춰내곤 했다.
씨앗 뿌릴 때, 수확할 때
간장 담을 때, 김치 담글 때 그리고
야단쳐야 할 때, 용서해야 할 때.

고슴도치도 제 새끼는 함함하다고 한다

부모 눈에 제 자식은 무조건 예뻐 보임

'고슴도치'는 몸 전체가 가시처럼 꼿꼿한 털로 덮여 있는 포유동물이고 '함함하다'는 털이 보드랍고 반지르르하다는 의미다. 고슴도치가 털이 바늘같이 꼿꼿한 제 새끼의 털을 부드럽다 하면서 칭찬한다는 뜻으로, 부모 눈에는 자식의 모든 것이 다 예쁘고 귀엽게 보인다는 이야기다.

대소변 보는 것 비웃지 않는 것처럼
제 새끼 함함하다는 고슴도치 비웃지 말아야 한다.
개체 보존을 하라는 조물주의 뜻이다.

고양이 목에 방울 달기

실행하지 못할 일을 쓸데없이 의논함

고양이의 공격이 무서웠던 쥐들이 회의를 통해 고양이 목에 방울을 달아서 그 소리를 듣고 도망치자고 결정했지만 고양이 목에 방울을 달겠다는 쥐가 나타나지 않아 의미 없는 회의가 되고 말았다는 이야기에서 나온 말이다. 실행에 옮기지 못할 일을 쓸데없이 의논만 하는 것을 비꼴 때 쓰는 표현이다.

쥐 한 마리만 희생하면 된다.
그런데 그 한 마리가 없다.
아픔이고 슬픔이다.

고양이에게 반찬가게 지켜 달란다

믿을 수 없는 사람에게 소중한 물건을 맡기는 어리석음

반찬가게에는 고양이가 좋아하는 생선이 많고 고양이는 기회만 있으면 그 생선을 훔쳐 먹으려 한다. 반찬가게 주인이 잠시 외출할 일이 생겼을 때 고양이에게 반찬가게를 지켜 달라 부탁한다는 뜻으로, 믿을 수 없는 사람에게 일을 맡기는 어리석음을 비꼬는 말이다.

"믿을 수 있는 사람

내 곁에 한 사람만이라도 있다면……"

"네가 먼저 그 한 사람이 되면 안 되겠니?"

고와도 내 님 미워도 내 님

좋으나 싫으나 한 번 맺은 정(情)은 어찌할 수 없음

좋든 나쁘든 한 번 인연을 맺었다면 영원히 함께해야 한다는 뜻으로, 한 번 배우자로 결정한 사람은 미우나 고우나 자기 사람으로 알아서 아껴주고 보호해주어야 한다는 말이다.

훌륭해도 내 부모고 부족해도 내 부모다.

잘나도 내 자식이고 못나도 내 자식이다.

고와도 내 님이고 미워도 내 님이다.

운명이다.

공든 탑이 무너지랴

힘을 다하고 정성을 다하여 한 일은 그 결과가 헛되지 아니함

'공든 탑'은 공들여 쌓은 탑이고 '무너지랴'는 설의법(設疑法)으로 무너질 리 없다는 의미다. 공들여서 쌓은 탑은 절대 무너지지 않는다는 뜻으로, 어떤 일이든 정성을 다하면 나쁜 결과가 나오지 않는다는 말이다. 모든 일에 정성을 다하고 최선을 다해야 한다는 이야기다.

공든 탑이 무너지지 않는 이유는
공들여서 쌓았기 때문이기도 하지만
공들여서 쌓았다는 이유로
공들여 보살폈기 때문이기도 하다.

공자님 앞에서 문자 쓰기

자기보다 훌륭한 사람 앞에서 아는 체하고 잘난 척함

'공자님'은 4대 성인 중 한 사람이고 '문자'는 '글자'가 아니라 '예로 부터 전해 내려오는 문장'이다. 학문에 뛰어난 공자님에게 학문에 관해 이야기하고 문장에 관해 이야기한다는 뜻으로, 자기보다 훨 씬 뛰어난 사람 앞에서 아는 척하고 잘난 척하는 것을 비꼬는 표 현이다.

문자 쓴다고 이익 없고
문자 쓰지 않는다고 불이익 없음에도
문자 쓰려는 기회만 엿보는 사람 있다.
문자 쓰다 틀려서 쥐구멍 찾았던 경험 분명히 있었음에도.

과부 사정은 홀아비가 안다

같은 처지에 있는 사람끼리는 이해의 폭이 넓음

'과부'는 남편이 죽어서 혼자 사는 여자고 '홀아비'는 아내가 죽어서 혼자 사는 남자다. 배우자가 없어 힘든 과부의 어려운 사정은 배우자가 없어 삶이 고단한 홀아비가 누구보다 잘 안다는 뜻으로, 같은 처지에 있는 사람끼리는 서로의 어려움을 헤아리기 쉽다는 이야기다.

임플란트 여섯 개 했던 경험이
잇몸질환으로 고생하는 아내의 손 잡아주게 했고
중학교 때 하루 40리 걸었던 경험이
가난한 아이들 토닥일 수 있는 힘 주었다.

ㄱ

광에서 인심 난다

경제적으로 풍족해야 남에게 인심도 베풀 수 있음

'광'은 곡물이나 여러 중요한 물건을 넣어두는 방이나 창고이고 '인심'은 남의 처지를 헤아려주고 도와주는 인간다운 따뜻한 마음이다. 광에 물건이 넉넉하게 있어야 남 도와주고 싶은 마음 생기고 도와주는 일도 가능하다는 뜻으로, 경제적 여유가 있어야 좋은 일도 할 수 있다는 이야기다.

호주머니 비어 있어서 주지 못했던 안타까움보다
머리 비어 있어서 줄 수 없었던 부끄러움이 훨씬 컸다.

구더기 무서워 장 못 담글까

해야 할 일이라면 방해되는 일이 있을지라도 해야 함

'구더기'는 파리의 알에서 나온 애벌레고 '장'은 콩을 발효시켜 만든 된장 간장 등을 일컫는다. 장을 담그는 과정에서 구더기가 나온다고 해서 장 담그는 일을 중단할 수는 없다는 뜻으로, 마땅히 해야 하는 일이라면 반대하는 사람 있고 방해되는 것 있을지라도 해야 한다는 이야기다.

교통사고 뉴스 흘러나올지라도 자동차에 올라야 하고
문제아들이 교실에서 소리 지르며 춤출지라도 담임 맡아야 한다.
100 대 1 겁날지라도 시험장 가야 하고
우정 깨어질지라도 사랑 고백해야만 한다.

구렁이 담 넘어가듯

어떤 일을 깔끔하게 처리하지 않고
능청스럽게 슬그머니 해치워버림

'구렁이'는 뱀과에 속한 파충류로 음흉하고 능글맞다고 인식되는
동물이다. 구렁이가 소리 없이 아무도 눈치채지 못하게 담을 넘어
간다는 뜻으로, 일을 분명하게 처리하지 않고 슬그머니 얼버무려
해치운다는 말이다.

때로는 구렁이 담 넘어가듯
넘어갈 필요도 있다.
그 누구에게 아픔 주는 일 아니라면.

구슬이 서 말이라도 꿰어야 보배

아무리 좋은 것일지라도 다듬고 정리하여
쓸모 있게 만들어 사용해야만 값어치가 있음

'구슬'은 보석이나 유리를 둥글게 만든 것이고 '말'은 한 되의 10배, 한 가마의 10분의 1이다. 구슬이 아무리 많을지라도 흩어놓으면 보잘것없지만 잘 조합하여 묶어 사용하면 보배로서 가치를 지닌다는 뜻이다. 아무리 좋은 것일지라도 잘 다듬어 쓸모 있게 만들었을 때만 가치를 지닌다는 이야기다. '가마 속의 콩도 삶아야 먹는다'도 비슷한 의미다.

'많이'가 중요한 게 아니라
적재적소가 중요하고
잘 조화시키는 것이 더 중요하다.

굴러온 돌이 박힌 돌 뺀다

외부에서 들어온 사람이 본래부터 있던 사람을 내쫓고 주인 행세함

다른 곳에서 굴러온 돌멩이가 원래부터 있던 돌을 빼내고 그 자리를 차지한다는 뜻이다. 집단에 들어온 지 얼마 되지 않는 사람이 오래전부터 그 자리에 있었던 사람을 억지로 쫓아내고 주인 행세하는 상황을 일컫는 표현이다.

굴러온 돌이 박힌 돌 빼내는 것

당연하다.

굴러온 돌은 구르는 동안 힘 키웠을 것이고

박힌 돌은 오랜 시간 박혀서 힘 소진하고 있었을 뿐이니까.

굶어보아야 세상을 안다

굶주리는 고생을 해보아야 세상살이에 대해 깨닫게 됨

굶주려야 음식의 소중함 알게 되고 가난한 사람들의 배고픈 설움과 먹거리의 중요성도 알게 된다는 뜻이다. 고생을 해보아야 인생을 이해하게 되고 세상을 알게 되며 감사한 마음 가지게 된다는 이야기다.

시장이 반찬이라 하였고
굶는 자는 음식을 가리지 않는다고 하였다.
굶어야 음식의 고마움 알게 되고
굶었을 때 친구의 진면목 알게 되며
굶어보아야 노동의 중요성 알 수 있게 된다.

굼벵이도 구르는 재주가 있다

하찮아 보이는 사람도 재주 하나쯤은 가지고 있음

'굼벵이'는 매미나 풍뎅이의 애벌레로 걷기는커녕 기지도 잘 못하지만 구를 줄은 안다. 재주나 능력을 갖추지 못한 굼벵이지만 구르는 재주만은 있다는 뜻으로, 아무리 못난 사람일지라도 한 가지 재주는 있다는 말이다. 못난이라는 이유로 무시해서는 안 된다는 의미로 사용되기도 하지만 능력 모자라는 사람이 남의 관심을 끌 만한 행동을 할 때 놀림조로도 많이 쓰인다.

하늘을 나는 재주에 박수 보내는 것만큼
구르는 재주에도 박수 보내주어야 한다.
인기 종목 국가대표만 국가대표인 것 아니고
비인기 종목 국가대표도 국가대표다.
재벌 회장도 한 표고 시골 할머니도 한 표다.

굽은 나무가 선산 지킨다

보잘것없는 사람이 오히려 사람 구실을 함

'선산'은 조상의 무덤이 있는 산이다. 쭉쭉 뻗은 큰 나무는 기둥이나 대들보로 쓰이기 위해 먼저 베어져서 어디론가 떠나가지만 굽고 볼품없는 나무는 산에 그대로 남겨져서 선산을 지킨다는 뜻이다. 못났거나 쓸모없어 보이는 것이 오히려 중요한 역할을 한다는 사실에 대한 비유적 표현이다. 못난 사람이라는 이유로 얕잡아 보아서는 안 된다. 못난 자녀가 자신의 보호자 되어주면서 자식 노릇 더 잘한다는 이야기다.

박수 받으면 건방져질 수 있고
오냐오냐 키우면 버릇없어질 수 있다.
잘난 아들은 어떤 여자의 사위 되고 남편 되지만
못난 아들은 착하고 따뜻한 내 아들 된다.

굽은 나무는 길마 가지가 된다

세상 모든 것은 다 쓸모가 있음

'길마'는 소에게 짐을 실을 때 소의 등에 얹는 안장인데 시옷(ㅅ) 자 모양이다. '길마'로 사용하는 나무는 곧아서는 안 되고 굽어야만 한다. 굽은 나무라서 쓸모없다고 생각되는 나무가 오히려 굽었기 때문에 길마 가지가 될 수 있다는 뜻이다. 세상에 쓸모없어서 버릴 물건은 없다는 말이고 모든 사람은 다 나름대로 쓸모 있는 존재라는 말이다. 쓸모없는 자동차 부품 없는 것처럼 중요하지 않은 직업도 없고 가치 없는 사람도 없다는 이야기다.

체구 작아야 기수 될 수 있고
영어 수학 못해야 고향 지켜낼 수 있다.

굿 구경을 하려면 계면떡이 나오도록 하라

무슨 일이든 시작했다면 끝까지 해야 함

'계면떡'은 굿이 끝난 뒤에 무당이 구경꾼들에게 나눠주는 떡이다. 이왕 굿 구경을 시작했다면 계면떡을 얻을 때까지 해야지 중간에 그만두게 되면 그동안의 기다림이 쓸모없는 일이 되어버린다는 뜻이다. 무슨 일이든 한 번 시작했다면 끝까지 참을성 있게 해야 한다는 이야기고 중간에 그만둬버리면 어떤 이익도 챙길 수 없게 된다는 이야기다.

기다릴 줄 아는 아이가 성공했다는
마시멜로 이야기.

ㄱ

굿이나 보고 떡이나 먹지

남의 일에 쓸데없이 간섭하지 말고
일의 형편을 살피다가 이익을 챙기는 것이 나음

굿이 끝난 뒤에 굿할 때 차려놓았던 떡을 나누어 먹는 풍습이 있었다. 굿하는 동안 이렇다 저렇다 간섭하지 말고 조용히 구경하다가 굿이 끝난 뒤에 떡이나 얻어먹어야 한다는 뜻이다. 쓸데없이 남의 일에 간섭하지 말라는 이야기고 조용히 구경하다가 자기에게 돌아오는 몫을 챙기는 것이 현명하다는 이야기다.

간섭받기 싫어하면서
간섭하고 싶어서 발버둥치는 엉터리 마음.
정답 없는 세상임을 모르고
실패를 통해 성장한다는 사실도 모르는 어리석음.

귀 소문 말고 눈 소문 하라

직접 눈으로 보아서 확인한 것 아니면 말하지 말아야 함

거짓 뉴스가 많고 눈속임도 적지 않은 세상이다. 귀로 들어오는 소문 중에 거짓인 것이 많으니 무조건 믿지 말고 눈으로 직접 확인한 것만 믿어야 한다는 의미다. 자신이 직접 눈으로 보아서 확인한 것 아니면 거짓일 가능성 있고 진실 아닐 가능성 있다는 뜻으로, 거짓과 가짜가 많은 세상이니 늘 경계하고 조심해야 한다는 이야기다.

변형 없이 온전히 전해지는 말은 없다.
거치는 동안 더해지고 빠지고 그래서 왜곡되곤 한다.
교묘하게 합성하고 교묘하게 눈속임까지 하기에
직접 본 것까지도 반드시 사실이라 이야기할 수 없는 세상이다.

ㄱ

귀신도 빌면 듣는다

진심으로 빌면 용서받을 수 있음

귀신은 인간이 어떻게 해볼 수 없는 존재인데 그런 귀신에게도 진심으로 빌면 용서받을 수 있다는 뜻이다. 간절하게 빌면 귀신도 용서해주는데 어찌 인간이 간절하게 비는 사람을 용서해주지 않겠느냐는 말이다. 어떤 상황에서든, 누구에게든 진심으로 잘못을 시인하고 용서를 빌면 용서받을 수 있다는 이야기고 간절하게 바라면 이루어진다는 이야기다.

비는 사람 따라 다르고
비는 대상 따라 다르다.
절대 용서받을 수 없는 것은
0.1% 이하일 뿐.

귀에 걸면 귀걸이 코에 걸면 코걸이

일정한 원칙이 없음
둘러대기에 따라 이렇게도 되고 저렇게도 됨

귀에 걸면 귀걸이가 되고 코에 걸면 코걸이가 된다는 뜻으로, 보는 관점에 따라 이렇게 해석될 수도 있고 저렇게 해석될 수도 있을 때 쓰는 표현이다.

엄마는 3등급밖에 못 받았느냐 야단치고
아빠는 3등급이나 받았다며 대견해한다.
영희는 그럴 수도 있다고 이야기하고
철수는 그럴 수는 없는 것이라며 노발대발한다.

그림의 떡

아무리 마음에 들어도 이용하거나 차지할 수 없음
아무런 실속이 없음

그림으로 그려진 떡이기 때문에 먹을 수 없다는 뜻으로, 실속 없고 있으나 마나 한 일을 일컫는 말이다. 바라는 바이지만 실제로 이용할 수 없거나 이루어지기 힘든 경우에 쓰는 표현이다.

먹겠다면서 달려든다.
그림의 떡인 줄 모르고
환하게 웃는다.

글 속에 글 있고 말 속에 말 있다

글이나 말 속에 담겨 있는 의미는 무궁무진함

겉으로 드러난 의미가 전부인 경우도 있지만 의미가 숨겨진 말과
글도 적지 않다. 숨겨져 있는 의미까지 알아내야 진짜 안다는 이
야기고 숨겨진 의미까지 알아내려 노력해야 한다는 이야기다.

비유적 표현도 반어적 표현도
함축적 표현도 중의적 표현도
역설적 표현도 에두른 표현도
참 많은 세상이다.

긁어 부스럼

아무렇지도 않은 일을 공연히 건드려서 문제를 일으킴

'부스럼'은 피부에 나는 종기다. 긁지 않으면 아무렇지 않았을 터인데 조금 가렵다는 이유로 긁어서 상처를 만들고 상처에서 종기가 생겨 괴롭다는 뜻이다. 공연히 일을 만들어 스스로 재앙을 만들어내는 어리석음을 일컫는 표현이다.

가만있지 못하고 기다리지 못하며 침묵 두려워한다.
조용히만 있었다면 문제없었을 터인데
기다릴 줄 알았다면 울지 않아도 되었는데
침묵하기만 했다면 불행 물리칠 수 있었을 터인데.

금강산도 식후경

아무리 좋은 것이라 해도 배고픈 상태에서는
좋다는 사실을 깨닫지 못함

'식후경(食後景)'은 '먹을 식(食)', '뒤 후(後)', '경치 경(景)'으로 먹은 후에라야 경치가 눈에 들어온다는 뜻이다. 금강산이 아무리 멋지다해도 배부른 후에라야 아름답다는 사실을 깨달을 수 있고 즐거움도 느낄 수 있다는 말이다. 아무리 재미있는 일이 펼쳐질지라도배고픈 상태에서는 신명도 나지 않고 재미도 느낄 수 없다는 이야기로 먹는 일의 중요성을 일컫는 표현이다.

의(衣) 식(食) 주(住)는 배고파보지 않은 사람의 생각이고
배고파본 사람은 식(食) 식(食) 식(食)이라 이야기한다.
'식(食)'이 과유불급(過猶不及)인 것은
다른 것들과 마찬가지다.

급히 더운 방이 쉬 식는다

바삐 이루어진 일은 그 효과가 오래가지 못하고
곧바로 바닥을 드러냄

급히 따뜻해진 방은 쉽게 식어버린다는 뜻으로, 급하게 해치워버린 일은 오래가지 못한다는 말이다. 부리나케 한 일은 좋은 열매를 맺지 못하는 것이니 빨리하라 재촉하지 말아야 한다는 이야기다.

조물주의 작품 중에 약삭빠른 자에게 이익 되는 일은 없다.
조물주가 만든 인과법칙은 정확하면서도 야무지다.
급히 사귄 친구 쉽게 떠나가고
급히 지은 집 쉽게 무너지며
급히 만든 인기 쉬 도망친다.
급히 쉽게 쌓은 실력 시험도 치르기 전 도망쳐버린다.

기는 놈 위에 나는 놈 있다

잘하는 사람 위에 더 잘하는 사람 있으니
잘난 체하거나 으스대서는 안 됨

99점 받은 사람 위에 100점 받은 사람 있다는 뜻이다. 자기보다
더 뛰어난 재주를 가진 사람이 있다는 사실을 알아서 겸손해야 한
다는 이야기고, 자신만 최고라 생각하지 말아야 한다는 이야기며,
어떤 상황에서도 교만하지 말고 끊임없이 노력해야 한다는 이야
기다.

깨지지 않을 것 같은 기록 깨지곤 한다.
발전하는 인간이고
진보하는 역사다.

기둥을 치면 대들보가 운다

직접 말하지 않고 간접적으로 말해도 영향을 미칠 수 있음

대들보 울리는 방법에 대들보를 직접 치는 방법도 있지만 기둥을 치는 방법도 있다는 뜻으로, 직접 말하지 않고 간접적으로 말해도 상대방에게 충분히 의사를 전달할 수 있다는 말이다. 직접 말하는 것보다 간접적으로 말하는 것이 현명하다는 이야기다.

기둥을 침으로 대들보 울릴 수 있다는 사실

10년 전에만 알았더라면,

대들보 직접 쳐서 울리는 소리 30점이고

기둥 쳐서 울리는 대들보 소리 90점이라는 사실

3년 전에만 알았더라면.

기와 한 장 아끼려다 대들보 썩힌다

작은 것 아끼려다 더 큰 손해를 보게 됨

'기와'는 빗물이 스며드는 것을 막아내려는 목적으로 한옥의 지붕 위에 물고기 비늘과 같이 촘촘하게 얹어 쌓는 건축 자재다. 기와 한 장이 2천 원 정도임에 비해 대들보는 100만 원 정도다. 기와 한 장 깨져 비가 샐 때 곧바로 기와를 교체했더라면 2천 원으로 마무리했을 텐데 2천 원 아끼려는 마음 때문에 기와 교체하지 않아서 빗물이 대들보에 스며들어 대들보가 썩게 되었고 100만 원이 들어갔다는 뜻이다. 작은 것 아끼려다 큰 손해를 보게 되었을 때 쓰는 표현이다. '호미로 막을 것을 가래로 막는다', '소탐대실(小貪大失)'도 같은 의미다.

비싼 돈 들이고 시간 들여서

검사하고 또 검사하는 것이다.

기와 한 장 아끼려다 대들보 썩힌 경험 있기 때문에.

기운 세다고 소가 왕 노릇할까

기운만으로는 지도자가 될 수 없음

소가 기운은 세지만 왕은 될 수 없다는 뜻으로, 지혜가 모자라면 지도자가 될 수 없다는 말이다. 육체적 힘보다 지혜가 더 중요하다는 이야기다.

기운으로 왕 노릇을 하는 건
초등학교 2학년 때까지다.
운동선수가 많이 듣는 충고 중 하나는
"힘을 빼라, 힘주지 마라"다.

긴 병에 효자 없다

아무리 효자일지라도 부모가 너무 오랜 시간
병상에 있게 되면 지칠 수밖에 없음

부모가 편찮을 때 처음에는 정성을 다해 간병해드리지만 투병 생활이 장시간 계속되면 간병에 소홀할 수밖에 없다는 뜻으로, 시간이 흐르면 정성과 열정이 줄어드는 인간의 한계를 설명해주는 이야기다.

길어지면 지치게 되고
지치면 피곤해진다.
피곤하면 짜증나고
짜증나면 귀찮게 된다.
슬픔이고 아픔이며 눈물이다.

길고 짧은 것은 대어 보아야 안다

편견이나 선입견 갖지 말고 사실을 바탕으로 판단해야 함

어떤 것이 길고 어떤 것이 짧은 것인가는 눈짐작으로 대충 판단해서는 안 되고 직접 길이를 대어 본 후에 판단해야 한다는 뜻이다. 크고 작고, 이기고 지고, 잘하고 잘못하는 것에 대한 판단은 섣부르게 할 게 아니라 직접 확인한 후 신중하게 해야 한다는 이야기다.

직접 보았다 할지라도 큰소리쳐서는 안 된다.
가짜 많은 세상이고 착시 많은 인간이다.

김 안 나는 숭늉이 더 뜨겁다

말 많은 사람보다 침묵하는 사람이 더 무섭고 야무짐

적당히 뜨거운 물에서는 김이 나지만 엄청 뜨거운 물에서는 김이 나지 않는다는 뜻으로, 말 많은 사람보다 말 적은 사람이 훨씬 무섭다는 말이다. 말이 적은 사람을 더 경계하고 더 두려워해야 한다는 이야기다.

큰소리치는 것은 두렵다는 반증
큰소리치는 것은 행동까지는 하지 않겠다는 이야기.
가장 훌륭한 무기는 침묵
가장 무서운 사람은 말이 적은 사람.

깊던 물이라도 얕아지면
오던 고기도 아니 온다

늙거나 힘이 없어지면 늘 찾아오던 사람도 오지 않음

깊은 물에는 먹을 것도 많고 편안하게 놀 수 있기 때문에 고기들이 모여들지만 얕은 물에는 먹이도 적고 놀기도 불편하기 때문에 고기가 찾아오지 않는다. 권력이나 돈을 가지고 있을 때는 사람들이 찾아오다가 돈이나 권력 등이 사라지면 사람들이 찾아오지 않는다는 이야기다. 늙어 힘이 약해지고 권력과 재산이 없어지면 그동안 따르던 사람들도 찾아오지 않는 비겁한 세상인심에 대한 비판이다.

사람들이 그대를 떠났다는 것은
그대가 내리막길에 있다는 반증
괜찮다.
잠깐 멈춘 다음 미소 지은 후 내려가면 된다.
인간은 계산하기 좋아하는 이기적 동물이다.
너도 그렇고 나도 그렇다.

까마귀 날자 배 떨어진다

두 가지 일이 공교롭게 같은 시간에 일어나 억울한 누명을 쓰게 됨

까마귀 날아가는 순간에 배 떨어진 이유는 떨어질 때가 되었기 때문. 까마귀 때문에 배가 떨어진 것이 아님에도 까마귀가 배를 쪼아서 배가 떨어졌다며 배나무 주인이 까마귀를 의심했다는 이야기다. 아무 관계 없는 두 가지 일이 우연히 같은 시간에 일어나 오해받게 되는 상황을 일컫는 표현이다.

백열전구 스위치를 돌리는 순간
번쩍 하더니 불 켜지지 않았다.
필라멘트 끊어진 것 확인할 수 있었다.
나의 조심성 없음을 꾸짖은 할머니에게 형이 다가가
"전구의 수명이 다한 거예요.
500시간 정도 사용하면 필라멘트는 끊어지게 되어 있어요. 할머니"
라며 내 억울함 풀어주었다.

ㄱ

꼬리가 길면 밟힌다

나쁜 일을 오래 계속하면 결국 들키게 됨

꼬리가 길면 아무리 조심한다 해도 언젠가는 누군가에게는 밟히게 마련이라는 뜻으로, 나쁜 일을 오래 계속하면 아무리 교묘하게 할지라도 언젠가는 들키게 된다는 말이다. 한두 번은 속일 수 있지만 계속해서 속일 수는 없다는 이야기고 나쁜 일은 빨리 그만두는 것이 재앙을 줄이는 방법이라는 이야기다.

'꼬리가 길면 잡힌다 했다.
여기서 그만두자.'
'뭐야. 이제껏 괜찮았잖아.
조금 더 해도 괜찮아.'

꾸어다 놓은 보릿자루

모두 웃고 떠드는데 혼자 묵묵히 앉아 있는 사람

배는 고픈데 먹을 것은 없는 상황에서 어렵게 보리 한 자루를 빌려왔다. 그런데 그 보릿자루를 묶은 입을 한 번 풀어버리면 보리쌀이 금방 없어질 것이라는 생각에 묶인 보릿자루를 차마 풀지 못하고 있다. 꾸어다 놓은 보릿자루의 입을 쉽게 열 수 없는 상황이라는 뜻으로, 모두 즐겁게 이야기하는데 입을 꾹 다물고 있는 사람을 가리킬 때 쓰는 표현이다.

어떻게 쉽게 입을 열 수 있겠는가?

한 달 넘게 버텨야 하는데.

여는 순간

몽땅 증발해버릴 것 분명한데.

ㄱ

꿀 먹은 벙어리

마음속에 있는 생각을 제대로 나타내지 못하는 사람

어린아이가 꿀을 많이 먹으면 열이 나게 되고 심하면 감각기관에 마비가 오기도 한다. 어린아이가 꿀을 많이 훔쳐 먹은 탓에 입에 마비가 와서 말을 못하게 되었다는 뜻으로, 마음속에 있는 생각을 겉으로 표현하지 못하는 사람을 놀릴 때 쓰는 표현이다. 꿀을 훔쳐 먹은 죄책감 때문에 아무 말 못한다 해석할 수도 있고, 맛은 알지만 벙어리라서 말로 표현하지 못하는 상황이라 해석할 수도 있다.

친구와는 신나고 재미있게 이야기 잘하는데
자기 앞에서는 꿀 먹은 벙어리가 되었다며 부모들이 서운해한다.

1. 사춘기 아이들은 원래 그렇답니다. 시간 지나면 괜찮아질 겁니다.
2. 아직 철들지 않아서 그래요. 철들면 좋아질 겁니다.
3. 죄송합니다만 90% 부모님 책임입니다.
   작은 실수에 야단치고 눈 흘기고 말 못하게 만든 부모 책임입니다.

꿀도 약이라면 쓰다

충고하는 말은 아무리 좋을지라도 듣기 싫어함

'충고'는 남의 잘못이나 허물을 진심을 다해 타이르는 말하기다. 달콤한 꿀도 약으로 먹게 되면 쓰게 느껴진다는 뜻으로, 자신의 허물이나 단점을 지적당하면 도움이 되는 말일지라도 기분 나빠지고 듣기 싫어진다는 말이다. 사람은 누군가에게 지적당하는 것을 좋아하지 않는다는 이야기다.

우정 깨질 것 염려하여 입 다물지 마라.
깨질 우정이라면 지금 깨지는 것이 나은 것이니.
못마땅한 표정 보기 싫다는 이유로 침묵하지 마라.
충고해주어야 너도 충고받을 수 있을 것이니.
뺨 맞을 것 두려워 모른 채 넘어가지 마라.
친구의 성장이 너의 성장으로 연결될 수 있을 것이니.

꿈보다 해몽

언짢은 일을 좋은 방향으로 해석함

'해몽(解夢)'은 꿈을 해석한다는 뜻으로, 꿈을 풀이하여 길흉을 판단하는 행위다. "꿈보다 해몽이 좋다"의 줄임말로 꿈을 풀이할 때 일반적인 해석 방법을 따르지 않고 그럴듯하게 돌려서 자기에게 좋은 방향으로만 해석한다는 말이다. 좋고 나쁨은 해석하기에 달려 있다는 이야기다.

꿈과 같이 되리라며 웃는다.
꿈은 반대라며 미소 짓는다.

꿩 대신 닭

필요한 것이 없을 때 그와 비슷한 것으로 대체함

꿩고기는 맛이 좋아서 설날 떡국을 끓일 때 많이 사용했다. 꿩고기로 떡국을 끓이고 싶었지만 꿩이 없기 때문에 어쩔 수 없이 꿩과 비슷하게 생긴 닭을 잡아 떡국을 끓였다는 뜻으로, 필요한 것이 없을 때 비슷한 것으로 대체함을 일컫는 말이다.

꿩이 없으니 떡국 끓이지 않겠다고?
아니지. 닭으로라도 끓여야지.
꿩 없음에 슬퍼하지 않아도 된다.
닭이라도 있음에 감사할 수 있어야 한다.

ㄱ

꿩 먹고 알 먹고

한 가지 일로 말미암아 두 가지 이상의 이익을 얻음

꿩고기만 먹을 수 있으리라 생각했는데 기대하지도 않은 알이 뱃속에 들어 있어서 알까지 먹게 되었다는 뜻이다. 한 가지 일을 함으로 두 가지 이익을 얻을 때 쓰는 표현이다. '도랑 치고 가재 잡고', '마당 쓸고 돈 줍고'도 같은 의미다.

꿩 먹고 알 먹고는 120점이고
꿩 먹고 알 못 먹는 것은 100점이다.
꿩 먹고 알 먹을 때도 감사하고
꿩 먹고 알 못 먹을 때에도 감사해야 하는 이유다.

꿩 잡은 것이 매

어떤 방법으로든 성과를 내는 것이 중요함

옛날에는 매를 훈련시켜 꿩을 잡기도 했는데 이를 매사냥이라 했다. 매사냥 하도록 훈련받은 매가 꿩을 잡지 못하면 매로서의 가치를 인정받을 수 없다는 뜻으로, 수단과 방법이 아무리 좋을지라도 제 역할을 하지 못하거나 결과물을 내지 못하면 아무 쓸모없는 일이 되고 만다는 이야기다.

보았다고 본 게 아니고
들었다고 들은 게 아니며
읽었다고 읽은 게 아니다.
책상 앞에 앉아 있다고 공부한 게 아니고
강의 들었다고 공부한 게 아니며
숙제했다고 공부한 게 아니다.
꿩을 잡아야 매다.

나간 사람 몫은 있어도 자는 사람 몫은 없다

게으른 사람에게는 혜택이 돌아가지 않음

'나간 사람'은 밖에 나가 뭔가 열심히 하는 사람이고 '자는 사람'은 게으르고 성실치 못한 사람이라는 전제에서 나온 말이다. 나간 사람은 성실한 사람이니까 그 사람 몫은 남겨놓아야 옳지만 자고 있는 사람은 게으르니까 그 사람 몫은 남겨놓을 이유가 없다는 뜻이다. 게으른 사람은 먹을 자격도 없다는 이야기고 게으른 사람에게는 작은 혜택이라도 줄 이유가 없다는 이야기다.

예쁨도 자기에게서 나오고
미움도 자기에게서 나온다고 했다.
결과와 관계없이
해보려는 의지 갖추고 있으면 인정받고
자포자기(自暴自棄)한 채 누워버리면 따돌림당한다.

나는 '바담 풍(風)' 해도 너는 '바람 풍(風)' 해라

자기는 잘못된 행동을 하면서 남에게는 옳게 행동할 것을 요구함

옛날 어느 서당에서 선생님이 '바람 풍(風)' 글자를 가르치는데 혀가 짧아서 '바람 풍'으로 발음하지 못하고 '바담 풍'으로 발음했다. 학생들이 '바담 풍'으로 따라 하자 선생님이 발음이 잘못되었다면서 야단쳤다는 이야기에서 나온 말이다. 자신은 잘못된 행동을 하면서 남에게는 옳게 행동하라고 요구하는 사람을 비웃을 때 쓰는 표현이다.

어찌 비웃을 일인가?
너라도 올바르게 하라는 가르침은 아름다운 참교육 아닌가?
많이 알고 잘 가르치는 선생이 좋은 선생 아니라
학생 스스로 잘할 수 있도록 도와주는 선생이 좋은 선생이다.

나라님이 약 없어 죽나

인간의 목숨은 사람의 힘으로 어찌할 수 없음

'나라님'은 임금이고 임금은 무소불위(無所不爲)의 존재였다. 그런데도 나라님 역시 죽음을 피할 수 없었는데 약을 먹지 못해서 아니고 훌륭한 의사 만나지 못해서도 아닌 생명의 유한성 때문이었다. 좋은 약을 먹은 임금도 죽을 수밖에 없다는 뜻으로, 인간의 운명은 돈이나 권력으로도 어찌해볼 수 없다는 이야기다. 가난 때문에 약을 먹지 못해 죽게 되었다고 서러워하는 사람을 위로하는 말이기도 하다.

가난 때문이라 하고 키 작기 때문이라 한다.
부모 때문이라 하고 좋은 사람 만나지 못했기 때문이라 한다.
아니라는 사실 확인시켜줄 수 있는 사람 너무 많은데.
운명인데.

ㄴ

나룻이 석 자라도 먹어야 샌님

먹지 않고는 어떤 일도 할 수 없음
배가 불러야 체면도 차릴 수 있음

'나룻'은 수염이고 '석 자'는 90cm 정도이며 '샌님'은 선비다. 옛날 선비들은 수염이 길어야 선비답다고 생각했다. 아무리 훌륭한 선비일지라도 배고픈 상태에서는 선비답게 행동할 수 없다는 뜻으로, 먹는 일의 중요성을 일컫는 표현이다.

기름 닳지 않고 움직이는 차량 있던가?
충전하지 않아도 작동하는 스마트폰 있던가?
에너지가 필요하다.
먹어야 에너지 만들어진다.
많이 먹고 건강하라고 먹는 즐거움 주셨다.

나무는 큰 나무 덕을 못 봐도
사람은 큰사람 덕을 본다

훌륭한 사람 옆에 있다 보면 그 사람의 도움을 받기 쉬움

큰 나무 밑의 작은 나무는 큰 나무의 그늘 때문에 광합성 못하고 큰 나무에게 영양분까지 빼앗김으로 손해 보게 되지만, 큰 사람 밑에 있는 사람은 직접적으로든 간접적으로든 정신적으로든 물질적으로든 큰사람 덕을 보게 된다는 말이다. 훌륭한 사람과 가깝게 지내는 것이 이모저모로 이익이라는 이야기다.

가져야 줄 수 있다.
줄 수 있어야 큰사람이다.
가져야 큰사람이다.

나무도 고목 되면 오던 새도 아니 온다

늙거나 권력이 사라지면 늘 찾아오던 사람들도 오지 않음

나무가 고목 되면 잎이 적어지고 가지도 약해져서 새들도 찾아오지 않는다는 뜻으로, 늙어서 힘 없어지고 누군가에게 도움 줄 수 없게 되면 사람들이 찾아오지 않는다는 이야기다. 자기중심적이고 이기적인 인간의 비겁함에 대한 표현이다.

슬퍼하지 말고 서운해하지 마라.
인간은 너나없이 언제 어디서나 자신의 이익을 앞세운다.
사람들은 본능에 충실하고 싶어 한다.

나무에 오르라 하고 흔든다

듣기 좋은 말로 꾀어 불행한 처지로 몰아넣음

나무에 오르면 좋은 일이 생긴다고 부추겨 올라가도록 해놓고서 밑에서 나무를 흔들어 떨어뜨리려 한다는 뜻이다. 듣기 좋은 말로 사람을 꾀어 불행한 처지로 몰아넣는 비겁한 행동을 비난하는 표현이다.

올라가기를 기다려 흔드는 것도 나쁜데
올라가라 시켜놓고 흔들어댄다.
무조건 믿지 말고 자신이 판단하여 행동해야 하는 이유다.
내 맘 같지 않은 세상이고 믿을 사람 없는 세상이다.

나무칼로 귀를 베어도 모르겠다

어떤 일에 정신이 몹시 집중되어 있음

나무칼로 귀를 벨 수 없지만 설령 벨 수 있다 해도 시간이 오래 걸리고 통증도 무시할 수 없다. 어떤 일에 집중하게 되면 다른 감각은 잃어버리게 된다는 뜻으로, 어떤 한 가지 일에 정신이 집중되어 있는 상태를 일컫는 표현이다.

나무칼로 귀를 베어도 모를 만큼
집중할 수 있는 일 있다면
그 일을 평생 직업 삼아야 한다.

나중에 삼수갑산을 가더라도

최악의 경우에 이를지라도
(지금은 내가 하고 싶은 대로 하겠음)

'삼수갑산'은 함경남도 삼수군과 갑산군을 아울러 일컫는데 조선
시대 귀양지의 하나로 험한 산골의 대명사였다. "일이 뜻대로 되
지 않아 나중에 삼수갑산으로 귀양 가서 죽게 될지라도 이 일만큼
은 꼭 하고야 말겠다"에서 나온 말로 최악의 경우를 각오하고 자
신이 하고 싶은 대로 하겠노라는 의지를 표현한 말이다.

"나중에 삼수갑산을 가더라도"
라고 나직이 그러나 단호하게 말하는 사람
그런 사람이 나는
존경스럽다.

낙락장송도 근본은 종자

대단한 일도 처음은 보잘것없음
훌륭한 사람도 어렸을 때는 보통사람과 다를 바 없음

'낙락장송(落落長松)'은 긴 가지가 축축 늘어진 큰 소나무다. 그 낙락장송도 시작은 작은 종자에서 비롯되었다는 뜻이다. 대단하다고 생각되는 일도 처음은 시시했었다는 말이고 위대하게 평가받는 사람도 어린 시절의 삶은 평범했었다는 이야기다.

지금까지는 똑같다. 차이 없다. 우열 점칠 수 없다.
이제부터 달라질 것이다.
피와 땀과 눈물 얼마나 흘릴 것인가에 따라서.
그러니까 지금부터다.
참 재미있을 것 같다.

남의 눈에 눈물 나게 하면
자신의 눈에서는 피눈물 난다

남에게 악하게 대하면 자신은 더 큰 재앙을 당하게 됨

남에게 고통을 주고 억울한 감정을 갖도록 하면 자기는 더 큰 고통과 괴로움을 당하게 된다는 뜻으로, 악을 행하면 반드시 큰 재앙을 당하게 된다는 이야기다.

어린아이들 관찰해보았는가?
한 대 때리면 두 대 맞지 않던가?
더 아프게 두 대 이상 맞지 않던가?
참 희한하고도 웃기지 않던가?

남의 떡이 더 크게 보인다

다른 사람의 처지가 더 좋아 보임

똑같은 크기의 떡임에도 자신이 가진 떡은 작게 생각되고 남이 가진 떡은 크게 생각된다는 뜻이다. 다른 사람의 처지는 자신의 처지보다 낫다고 생각하여 다른 사람을 부러워한다는 이야기다.

남의 떡이 더 커 보이는 심리
교육으로도 훈련으로도 시간으로도 고쳐지지 않는
피해망상증 심리.

남의 말도 석 달

소문은 시간이 지나면 흐지부지 사라짐

'남의 말'은 제삼자가 어떤 사람에 대하여 이러쿵저러쿵 평가하는 뒷말이다. 사람들이 모여서 쑥덕대는 이런 뒷말은 시간이 지나면 흐지부지 사라지게 된다는 뜻으로, 소문은 시간이 지나면 안개 걷히듯 흔적도 없이 사라지게 된다는 말이다. 남의 일에 잠깐 호기심 가지지만 크게 신경쓰지 않는다는 인간 심리에 대한 표현이다.

내 머리에 신경쓰는 사람

오직 한 사람. 바로 나.

내 옷에 신경쓰는 사람

오직 한 사람. 바로 나.

내 말실수에 신경쓰는 사람

오직 한 사람. 바로 나.

관심 없다. 사람들은. 남의 일에.

남의 술에 삼십 리 간다

남의 도움을 받게 되면 그 사람에게 끌려다니게 됨

남의 공짜 술 얻어먹게 되면 술 준 사람이 어떤 장소에 함께 가기를 청하였을 때 빚을 졌다는 생각 때문에 가기 싫어도 어쩔 수 없이 따라가게 된다는 뜻이다. 남의 도움을 받게 되면 그 사람의 요구를 들어주지 않을 수 없는 인간 심리에 대한 표현이다.

뇌물 받으면 뇌물 준 사람의 노예가 되지 않을 수 없다.
뇌물 받아서는 안 되는 이유다.
돈은 사람을 움직이는 힘을 가지고 있다.

남의 염병이 내 고뿔만 못하다

남의 커다란 고통보다 내 작은 근심거리가 더 중요함

'염병'은 장티푸스를 속되게 일컫는 말인데 발열과 복통을 일으키는 무서운 질병이고 '고뿔'은 감기의 또 다른 이름이다. 남의 엄청나게 큰 고통과 괴로움을 자신의 작은 고통보다 대수롭지 않게 생각한다는 뜻으로, 인간은 누구나 자기중심적이고 이기적이라는 말이다. 인간의 이기심은 본능이기 때문에 비난만 하는 것은 바람직하지 못하다는 이야기이기도 하다.

인간은 몽땅 다 그렇다.
너도 이기적이고 나도 이기적이다.
남의 돈 10,000,000원보다 내 돈 1,000원이 더 중요하다.

남의 일은 오뉴월에도 손이 시리다

남을 위하여 진심으로 성의껏 일하는 것은 쉬운 일이 아님

'오뉴월'은 음력 5월과 6월로 여름철을 일컫고 '손이 시리다'는 손을 호주머니에 넣고 싶다는 의미로 일하기 싫다는 표현이다. 남의 일은 아무리 쉬운 일일지라도 힘들게 느껴지고 하기 싫어한다는 뜻으로, 남을 위한 일은 하기 싫어하는 인간 심리를 표현한 말이다.

내가 나쁜 놈이라서 남의 일 하기 싫은 줄 알았는데
너나없이 모두가 남의 일은 하기 싫어하더라.
남의 일을 내 일처럼 하려고 덤비는 자
큰절 받을 자격 있는 사람이다.

남의 잔치에 감 놓아라 배 놓아라 한다

자신과 상관없는 일에 쓸데없이 간섭함

잔칫상에 음식과 과일 등을 차릴 때 잔치와 관계없는 사람이 나서서 여기에는 감을 놓아야 하고 저기에는 배를 놓아야 한다면서 간섭한다는 말이다. 감을 놓든 배를 놓든 그것은 주인이 알아서 할 일임에도 제삼자가 쓸데없이 참견한다는 뜻으로, 남의 일에 괜히 끼어들어 간섭하는 못난 행동을 비꼬는 표현이다.

자신이 시키는 대로 하라며 큰소리친다.
정답 없다는 사실 알지 못한다.
쓸데없는 간섭인 줄도 알지 못한다.

남의 짐이 가벼워 보인다

남 하는 일은 자기가 하는 일보다 쉽게 느껴짐

남이 지고 가는 짐이 자신이 지고 가는 짐보다 가볍게 보인다는 뜻으로, 남 하는 일은 자기가 하는 일보다 쉽다고 생각한다는 말이다. 자기가 맡은 일이 가장 힘들다고 생각하는 자기중심적 심리에 대한 표현이다.

웃어넘겨라
남의 짐 가볍게 생각하는 것
인지상정(人之常情)인 것이니.
용서하라.
이기적 인간 용서하는 일
자기 자신을 용서하는 일 되느니.

남의 집 금송아지가 우리 집 송아지만 못하다

아무리 크고 좋은 것일지라도 남의 것은 의미가 없음

남의 집에 있는 금으로 만든 송아지도 우리 집에 있는 작은 송아지만 못하다는 뜻이다. 아무리 크고 좋을지라도 남의 것은 가치 없지만 아무리 작고 보잘것없을지라도 내 것은 가치 있다는 말이다.

우리 엄마 최고고 우리 아빠 최고다.
우리 형 최고고 우리 동생 최고다.
내 호주머니 돈만 내가 쓸 수 있는 돈이고
우리 밭의 토마토만 내가 먹을 수 있는 토마토다.

남이 놓은 것은 소도 못 찾는다

남이 놓아둔 물건은 찾기가 쉽지 않음

인간은 물건 놓는 위치 정하는 것까지 제각각이어서 남이 놓아둔 물건은 소처럼 큰 물건일지라도 찾아내기 쉽지 않다는 뜻이다. 물건 찾기는 쉬운 일 아니라는 말이고 인간의 심리, 취향, 성격 등은 모두 제각각이라는 이야기다.

술래 찾기는 마음 찾기고
마음 찾기는 주사위 던지기다.

내 딸이 고와야 사위 고른다

자기 조건이 좋아야 선택의 범위가 넓음

내 딸이 곱고 착해야 잘나고 멋진 사윗감을 고를 수 있다는 뜻으로, 자신이 갖추어져 있고 가진 것이 있어야 남의 것을 자유롭게 선택할 수 있다는 말이다. 자신은 모자란 점이 많으면서 완벽하게 갖추어진 사람만 사귀려는 욕심쟁이를 비웃을 때 쓰기도 한다.

실력 있어야 오라는 곳 많다.
실력 키워야 선택권 많아진다.

내 배 부르면 남 배고픈 줄 모른다

어려움 겪어본 경험 없는 사람은 남의 딱한 사정을 이해하지 못함

인간은 자기중심적이어서 내 배부르면 남 배고픈 것 생각하지 못한다는 뜻으로, 좋은 환경에 있는 사람은 어려운 환경에 처한 사람을 이해하지 못한다는 말이다. 상대방의 입장에서 생각해주는 역지사지(易地思之)의 지혜가 필요하다는 이야기다.

교육이 알게 하고 깨닫도록 하는 것이라면
배고픔의 눈물 흘릴 기회 주어야 하고
논밭에서 땀 흘릴 기회 주어야 하며
장애인 삶 경험할 시간 주어야 한다.
백문불여일견(百聞不如一見)이고
백문불여일행(百聞不如一行)이다.

내 코가 석 자

자기 사정이 급하고 힘든 상황이기에
남의 처지를 신경 쓸 여유가 없음

'코'는 '콧물'이고, '석 자'는 90cm 정도다. 콧물이 끊임없이 흘러내리고 있어 힘든 상황인데 어떻게 남의 사정을 돌볼 마음이 생기겠느냐는 뜻으로, 자기 사정이 급하고 힘들기 때문에 남의 어려움을 해결해줄 여유가 없다는 이야기다.

자기 코 석 자라며 뒤돌아서는 친구는 많아도
자기 코 석 자라며 뒤돌아서는 가족은 없다.

내리사랑은 있어도 치사랑은 없다

윗사람이 아랫사람 사랑하는 것은 자연스러운 일이지만
아랫사람이 윗사람 사랑하는 것은 어려운 일임

'내리사랑'은 윗사람으로부터 아랫사람에게 내려가는 사랑이고
'치사랑'은 아랫사람으로부터 윗사람에게 올라가는 사랑이다. 부
모가 자식을 사랑하는 것은 쉽고 일반적인 일이지만 자식이 부모
를 사랑하는 일은 어렵고 드문 일이라는 이야기다.

갑에게 받고 갑에게 되갚는 게 세상 이치 아니고
갑에게 받고 을에게 주는 것이 세상 이치다.
치사랑 없음이 세상 이치다.
슬프고 안타까운 세상 이치다.

냉수 먹고 이 쑤시기

가진 것 없으면서도 무엇인가 있는 척함

냉수를 먹으면 이빨 사이에 끼인 것이 없기 때문에 이 쑤실 이유가 없음에도 고기를 먹은 체하면서 이를 쑤신다는 뜻이다. 가진 것 없으면서도 자존심 때문에 무엇인가 있는 척 허세 부리는 사람을 비꼬는 표현이다.

냉수 먹고 이 쑤셨다.
꼬르륵 소리조차 들려오지 않았고
눈물 흘리며 쓰러지고 말았다.
냉수 먹으며 배고프다 고백했다.
식은 밥 얻어먹은 후
보답해야겠다며 손발에 힘을 주었다.

너무 고르다가 눈먼 사위 얻는다

지나친 신중함은 오히려 나쁜 결과를 가져오게 됨

지나치게 고르다가 기대에 훨씬 못 미치는 사위를 얻게 된다는 뜻
이다. 정도 이상으로 신중하게 생각하고 행동하면 혼란스러워지
고 판단력도 흐려져서 오히려 변변치 못한 결과를 얻게 된다는 이
야기다. '장고 끝에 악수 둔다'도 같은 의미다.

'고르는 일'은 어리석음 아니지만 '너무'는 어리석음이다.
다시 한 번 과유불급(過猶不及)이고
다시 한 번 시간이 돈이다.

넘어진 김에 쉬어 간다

잘못된 경우를 오히려 좋은 기회로 만들어서 자기가 하려고 했던 일을 함

쉬었다 가고 싶었음에도 핑계가 없어 힘들게 걸어가다가 넘어지고 말았다. 다치지 않았으면서도 다쳤다는 핑계로 일어나지 않고 누워서 충분히 휴식을 취한 다음에 일어났다는 뜻이다. 좋지 않은 상황을 기회로 바꾸어 자기에게 유리한 상황으로 이끌어나가는 것이 현명하다는 이야기고 기회를 잡았을 때 놓치지 말고 활용하라는 이야기다.

넘어진 것에 감사해야 하는 경우도 있다.
쉬어가고 싶었을 때
생각하고 싶었을 때.
쉬는 시간에 더 좋은 길 찾는 경우 많고
생각함으로 더 좋은 방법 찾는 경우도 많다.

노는 입에 염불하기

하는 일 없이 시간 보내기보다 무슨 일이든 하는 것이 좋음

'염불'은 '생각할 염(念)', '부처 불(佛)'로 부처님을 생각하면서 불경을 암송하는 일이다. 할 일이 없다면 염불이라도 해야 한다는 뜻으로, 어떤 경우에도 빈둥거리며 시간을 허비해서는 안 된다는 말이다. 어떤 일이든 하는 것이 아무 일 하지 않는 것보다는 낫다는 이야기다.

잠깐의 쉼은 행복일 수 있지만
오랜 시간 쉼은 행복 아니다.
노래라도 해야 하고
추억이라도 되새김질해야 한다.
무위도식(無爲徒食)은 잠깐의 행복일 뿐이다.

노루 피하니 범이 온다

일이 점점 더 어렵고 힘들게 됨

'범'은 '노루'보다 훨씬 사나운 짐승이다. 노루 피하게 되어 미소 지었는데 곧바로 노루보다 더 사나운 호랑이를 만났다는 뜻이다. 한고비를 넘겼는데 더 어려운 상황이 펼쳐졌을 때 사용하는 표현이다.

노루 피한 후 범 만날 수도 있지만
노루 피한 후 무릉도원 만나는 경우가 더 많다.
최선을 다해 노루 피하여야 하는 이유다.

논 자취는 없어도 공부한 공은 남는다

열심히 공부하면 그 공적은 반드시 나타남

놀면 남는 것 없지만 힘써 공부하면 그 결과가 남는다는 뜻으로, 놀기에 힘쓰지 말고 배우고 익히기에 힘써야 한다는 말이다. 배우고 익히면 좋은 결과를 만나게 된다는 이야기다.

노는 일은 추억으로 남기에
노는 일도 필요하고
공부하는 일은 인간을 행복하게 만들기에
공부하는 일도 필요하다.
놀다가 공부하다가를 잘 조화시키는 사람이
멋지고 행복한 사람이다.

농사꾼은 죽어도 종자는 베고 죽는다

후손을 위해 자신을 희생하는 아름다움

어리석고 답답한 행동

농사꾼은 굶어 죽으면서 종자(씨앗)를 머리맡에 남겨두고 죽는다는 뜻으로, 종자를 먹으면 굶어죽지 않을 수 있음에도 종자를 남기고 죽음을 선택했다는 이야기다. 후손을 위해 자기를 희생하는 아름다움이라 해석하고 싶은데, 살 수 있음에도 죽음을 택하는 어리석음이라 해석하는 사람도 있다.

종자 베고 죽음은

살 수 있음에도 죽음을 택한

장기기증만큼 아름다운 사랑이고

후손을 위한 이름다운 희생인데

어리석음이라니, 답답함이라니.

이것 참.

높은 가지가 부러지기 쉽다

높은 지위일수록 그 자리를 오래 보존하기 어려움

지면 가까운 곳의 바람보다 지면에서 멀리 떨어진 곳의 바람이 세기 때문에 낮은 가지보다 높은 가지가 더 강한 바람을 맞게 된다. 높은 가지가 바람을 더 많이 타기 때문에 부러지기도 쉽다는 뜻으로, 높은 지위에 있으면 유혹받기 쉽고 시기와 질투도 피하기 어려워 몰락하기 쉽다는 이야기다.

왕관을 쓰려는 자
그 무게를 견뎌야 한다고 했다.
높은 곳에 올라가고픈 자
그 자리 뒤에 숨겨진 시기, 질투, 음모, 모함, 공격, 비겁함
기쁜 마음으로 받아들일 각오해야 한다.

놓아먹인 말

누군가의 가르침이나 통제를 받지 않고 막 자라서 버릇이 없음

제멋대로 행동하는 말을 제어하기 위해 목에 묶는 줄을 고삐라 하고 고삐를 묶지 않고 키운 말을 '놓아먹인 말'이라 한다. 놓아먹인 말은 제멋대로 행동한다는 뜻으로, 배움 없이 제멋대로 자라서 아무렇게나 행동하는 버릇없는 사람을 일컫는 표현이다.

잘못된 편견에 사로잡힌 사람들 많다.
놓아먹인 말이 오히려 온순할 수 있다는 사실 알지 못하고
고삐 묶은 말이 오히려 망나니일 수 있다는 사실 알지 못한다.

놓친 고기가 더 크다

현재의 것보다 과거의 것이 더 좋았다고 생각함
하지 못한 일에 대한 미련이 있음

다 잡은 고기를 눈앞에서 놓쳤을 때, 놓친 고기가 잡은 고기보다 더 크다고 생각된다는 뜻이다. 가지고 있는 것보다 가지지 못한 것이, 가 보았던 곳보다 가 보지 못한 곳이 더 좋을 것이라 생각하는 인간 심리에 대한 표현이다.

놓친 고기를 더 큰 고기라 생각하고
가지 못한 길을 더 예쁜 길이라 생각하며
가보지 않은 곳을 더 아름다운 곳으로 생각한다.
미련을 품고 사는 너, 나, 우리다.

누워서 떡 먹기

누구라도 할 수 있을 정도로 일이 간단하고 쉬움

눕는 일이나 떡 먹는 일은 쉬우면서 편안한 일이다. 누구라도 쉽게 할 수 있는 편한 일을 일컫는 말이다.

눕는 일은 행복한 일이고

떡 먹을 일 역시 행복한 일이지만

누어서 떡 먹는 일은 행복한 일 절대 아니다.

쉬운 일과 쉬운 일이 합쳐졌다 해서 쉬운 일인 것 절대 아니다.

누운 나무에 열매 안 연다

부지런히 움직여야만 좋은 결과 만들어낼 수 있음

누워 있다는 것은 게으르다는 의미다. 누워 있는 나무에서는 열매가 열리지 않는다는 뜻으로, 게으르면 목표를 이룰 수 없다는 말이다. 열심히 움직이고 성실하게 일했을 때에만 성공할 수 있고 행복도 만들어낼 수 있다는 이야기다.

뛰지 않으면 골 넣는 기쁨 만들어낼 수 없다.
상대팀의 심한 태클 예상될지라도
운동장에 나가 뛰어야 하는 이유다.

누울 자리 봐가며 발을 뻗어라

무슨 일이든 그 결과를 예측해본 다음에 시작해야 함

눕기 위해서는 발을 뻗어야 하고 발을 뻗기 위해서는 일정한 공간이 있어야 한다. 무작정 발 뻗을 게 아니라 공간을 봐가면서 발 뻗어야 한다는 뜻으로, 어떤 일이든 결과를 예측한 다음에 일을 시작해야 하고 시간과 장소를 가려 행동해야 한다는 이야기다.

글쓰기에 개요 작성 중요하고
집짓기에 설계도 중요하며
그림 그리기에 밑그림 그리기 중요하다.
계획하고 예측하는 일에 최소 50% 시간과 에너지 투자해야 한다.

누워서 침 뱉기

남을 해치려다 도리어 자기가 피해를 봄

침 뱉는 일은 모욕하는 행위다. 누워서 침 뱉게 되면 그 침이 자신의 얼굴에 떨어지게 되어 스스로를 모욕하는 결과가 된다는 말이다. 남에게 피해를 주려 하면 오히려 자기가 피해를 보게 된다는 이야기다.

거짓 모함의 결과는 무고죄고
보복 운전의 결과는 쇠고랑이다.

누이 좋고 매부 좋다

양쪽 모두에게 이익이 됨

누이는 시집가서 좋고 매부는 장가가서 좋다는 뜻으로, 당사자 모두에게 이익이 되는 일이라는 말이다. 한 사람만 이익 얻는 상황 아닌 모든 사람에게 이익이 되는 상황을 일컫는 표현이다.

갑이 이익 보면 을은 손해 보는 것이
세상 법칙인 것 같지만
갑과 을이 함께 이익 보는 경우도 참 많다.
자녀는 효도해서 좋고 부모는 효도 받아서 좋고.

눈 가리고 아웅

얕은 술수로 남을 속이려 함

상대방의 눈을 가리고 고양이 울음소리인 '아웅' 소리 내면서 고양
이인 척한다는 뜻으로, 언젠가 드러날 일을 얕은 수작으로 속이는
어리석은 행동을 일컫는다.

눈 가리고 아웅 한다고 누가 속을까 생각했는데 뉴스에는
눈 가리고 아웅 하는 사람도
눈 가리고 아웅에 속아 넘어가는 사람도
왜 그렇게 많은지?

눈먼 소경더러 눈멀었다 하면 성낸다

단점이나 잘못을 지적하면 기분 나빠함

눈이 멀었다는 명백한 사실을 이야기하였지만 소경은 그 말에 화를 낸다는 뜻으로, 아무리 사실이라 할지라도 그 사람의 아픈 구석이나 숨기고 싶은 비밀은 이야기해서는 안 된다는 말이다. 남의 단점은 사실 여부와 관계없이 이야기하지 않는 것이 좋다는 이야기다.

부모 죽인 원수에게도 해서는 안 되는 세 가지 말
부모 끌어들여 비난하는 말
숨기고 싶은 비밀 들춰내어 공격하는 말
신체적 약점 가지고 공격하는 말.

ㄴ

눈이 아무리 밝아도 제 코는 안 보인다

아무리 똑똑해도 자기 자신에 대해서는 잘 알지 못함

등잔 밑이 어두운 것처럼 너무 가까이 있는 것들은 보이지 않는다는 뜻으로, 아무리 똑똑하고 현명한 사람일지라도 자기 자신에 대해서는 제대로 알지 못한다는 이야기다.

아이들이 하는 내 성대모사를 통해
내 말버릇 알아낼 수 있었다.
하루에도 대여섯 번 거울 들여다보았지만
거울은 단지
나의 중요하지 않는 작은 부분들만 보여줄 뿐이었다.

느릿느릿 걸어도 황소걸음

더디더라도 끊임없이 노력하면 좋은 결과를 얻게 됨

황소는 느릿느릿 걷지만 쉬지 않고 걷는다. 민첩하지 못해 답답함을 주지만 중단하지 않고 걷기 때문에 기대 이상의 결과를 얻게 된다는 뜻으로, 꾸준하게 하는 것이 중요하다는 말이다. 속도가 느려서 답답함을 주지만 그것이 오히려 믿음직스러운 결과를 가져온다는 이야기다.

마라톤 선수는 처음부터 빨리 뛰지 않는다.

15km에서의 순위가 아닌

결승선에서의 순위가 중요하다는 사실 알기 때문이다.

늙은이도 세 살 먹은 아이 말을 귀담아들으랬다

나이가 많다 해서 모든 면에서 지식과 지혜가 뛰어난 것은 아님

노인이 어린아이보다 지식과 지혜가 뛰어난 것은 사실이지만 모든 면에서 뛰어난 것은 아니다. 어린아이의 생각이 어른들의 생각보다 나은 경우도 있으니 어린아이의 말이라 하여 무조건 무시해서 안 된다는 말이다. 아랫사람의 말도 무시하지 않고 귀 기울여 듣게 되면 이익이 된다는 이야기다.

어머니 찾아뵈려 막 떠나려는 시간
장모님께서 찾아오셨다.
난감해하는 나에게 딸아이가 말했다.
"외할머니랑 함께 할머니 댁에 가면 되잖아요"
그날, 나도 아내도, 어머니도 장모님도 아들딸도
엄청 큰 행복 만들어낼 수 있었다.

늦게 배운 도둑이 날 새는 줄 모른다

뒤늦게 시작한 일에 재미를 붙여 열중하게 됨

'날 새는 줄 모른다'는 시간 가는 줄 모르게 재미있다는 뜻이다. 도둑질은 나쁜 짓이지만 들키지 않으면 죄책감 무뎌지고 전율과 즐거움을 느끼게 된다. 뒤늦게 배운 도둑질에 재미를 붙여서 시간 가는 줄 모르게 되었다는 뜻으로, 뒤늦게 시작한 일에서 재미를 느껴 그 일에 더욱 열중하게 되었을 때 쓰는 표현이다.

환갑 지나 한글 공부 시작한 할머니들의
행복한 미소 본 순간
조기교육(早期敎育) 하지 말고 만기교육(晩期敎育) 해야 한다고
생각해보았다.

다 된 죽에 코 빠졌다

일이 거의 다 이루어졌을 즈음에 뜻하지 않은 일로 실패하게 됨

죽이 다 끓여져서 먹으려 하는 순간에 콧물이 죽에 떨어져서 먹을 수 없게 되었다는 뜻이다. 거의 완성된 일을 예상치 못한 일 때문에 망쳐버리게 되었을 때 쓰는 표현이다.

시간이 남았다는 이유로 뱀 그림에 다리를 덧붙여 그려서

술잔 빼앗기고 말았다.

하지 않아도 될 말 한마디 괜히 덧붙여

오해 불러일으키는 엉터리 이야기 만들어버리고 말았다.

마무리가 중요하지 않은 경우

거의 없다.

단단한 땅에 물 고인다

아끼고 절약하는 사람에게 재물이 모임

푸석푸석한 땅에 물을 부으면 물이 땅속에 스며들어 곧바로 사라져버리지만 단단한 땅에 물을 부으면 물이 고이게 된다. 다른 사람들의 헤픈 씀씀이에 마음 흔들리지 말고 아껴야만 재물을 모을 수 있다는 말이다. 절약하는 것이 중요하다는 이야기고 의지가 굳어야만 뜻을 이룰 수 있다는 이야기다.

공부 시작하기 전에
책상 앞에 정신 집중한 상태로 앉아 있는 습관 들여놓아야 하듯
돈 벌기 전에
저축하는 습관 먼저 들여놓아야 한다.

달도 차면 기운다

번성한 것은 언젠가 쇠하기 마련임
행운은 계속되지 아니함

달 모양은 날마다 변한다. 초승달이 반달 되었다가 둥근 보름달
되고 다시 반달이 되었다가 그믐달 된다. 보름달이 된 다음에 그
믐달 되는 것이 세상 이치라는 뜻으로, 번성하였던 것들은 언제가
반드시 쇠퇴하기 마련이라는 이야기다.

불로초 찾으러 허둥대는 시간에
가까운 사람과 행복 만드는 것이 현명함이고
언젠가 자리에서 내려오게 되어 있다는 사실 알아서
겸손할 줄 아는 것이 지혜로움이다.

달리는 말에 채찍질한다고
경상도까지 하루에 갈 것인가

열심히 하고 있는 사람에게 더 잘하라 재촉한다 해서 더 잘할 리 없음
능력에는 한계가 있음

채찍질해댄다 해서 말이 하루에 경상도까지 달려갈 수는 없다는
뜻이다. 능력에는 한계가 있으므로 잘하라 재촉한다 해서 더 잘해
낼 수 있는 것은 아니라는 말이다. 인간은 무소불위(無所不爲) 능력
을 갖춘 존재가 아니라는 이야기다.

1등 하고 싶지 않아 1등 하지 않는 것 아니고
하루에 가고 싶지 않아 하루에 가지 않은 것 아니다.
오늘 1등만 1등 아니고
내일 1등도 1등이다.
누워 있는 말에 채찍질은 필요할 수 있지만
달리는 말에 필요한 것은 채찍 아닌 칭찬과 격려다.

달면 삼키고 쓰면 뱉는다

옳고 그름이나 정의 불의는 따지지 않고 오직 자신의 이익만 추구함

달다고 판단되면 삼키고 쓰다고 판단되면 뱉어버린다는 뜻으로, 자신에게 이로운 일은 열심히 하지만 해로운 일은 관심조차 두지 않는 인간 이기심에 대한 표현이다.

정도의 차이만 있을 뿐
너도나도 달면 삼키고 쓰면 뱉는다.
화내거나 욕해서는 안 되는 이유다.

닭 잡아먹고 오리발 내민다

나쁜 일 해놓고 간사한 꾀로 숨기며 잘못 없다고 잡아뗌

닭을 잡아먹은 이웃사람에게 닭의 주인이 변상을 요구했더니 이웃사람은 자신의 오리를 잡아먹었을 뿐 남의 닭을 잡아먹은 것 아니라면서 오리발을 내밀었다는 이야기에서 나온 말이다. 자신이 한 나쁜 짓을 감추고 시치미 떼는 도둑의 행동에 대한 비유적 표현이다.

시인(是認)하는 대신 오리발 내민 이유는
아직 어리기 때문이다,
아직 철들지 않았기 때문이고
아직 지천명(知天命) 되지 못하였기 때문이다.

닭 쫓던 개 지붕 쳐다보기

애써 이루려던 일이 실패로 돌아가 어이없게 됨

개밥을 훔쳐 먹던 닭이 개에게 쫓겨 도망치다가 재빨리 지붕으로 올라가버리니 지붕에 올라갈 수 없는 개가 지붕만 쳐다보면서 민망해했다는 이야기다. 노력했던 일이 실패로 돌아가 망연자실(茫然自失)하게 된 상황을 일컫는 표현이다.

주저앉아
발 동동 구르면서 울고 싶은 마음.
한 달에 한 번뿐이라면
애써 미소 지을 수 있어야 한다.

닭의 머리가 될지언정 소의 꼬리는 되지 마라

큰 집단에서 종노릇하는 것보다 작은 집단에서 우두머리 하는 것이 나음

머리가 되면 자기 뜻대로 할 수 있지만 꼬리가 되면 자기 뜻을 펼치지 못하고 시키는 일만 해야 한다. 소의 꼬리가 되어 종처럼 살기보다는 닭의 머리가 되어 자기 뜻을 펼치는 삶이 훨씬 낫다는 말이다. 큰 조직에서 심부름꾼 역할 하는 것보다 작은 조직에서 우두머리 역할 하는 것이 낫다는 이야기고 끌려다니는 삶보다 이끌어가는 삶이 의미 있고 아름답다는 이야기다.

남의 커다란 차 뒷좌석에 앉아 마음 졸이기보다는
자전차 운전하면서 콧노래 부르는 게 낫다.
내 마음대로만큼 큰 행복은 없다.

닭이 천(千)이면 봉(鳳)이 한 마리 있다

사람이 많으면 그중에 뛰어난 인물 한두 명은 반드시 있음

'닭'은 평범한 사람을 가리키고 '봉(鳳)'은 봉황(鳳凰)의 준말로 매우 뛰어난 인재를 가리킨다. 어느 지역 어느 집단에든 한두 사람의 인재는 반드시 있다는 이야기다.

어느 학급에든 버릇없는 학생 서너 명은 꼭 있고
어느 마을에든 효자 한두 사람은 반드시 있다.
어느 집안에든 욕심꾸러기 서너 명은 항상 있고
어느 집단에든 똑똑하고 지혜로운 사람 한두 명은 꼭 있다.

대감 죽는 데는 안 가도 대감 말 죽은 데는 간다

인간은 자기의 이익을 가장 중요하게 생각함

대감이 죽으면 더 그 대감에게 잘 보일 이유가 없어졌다는 이유로 조문하지 않지만 대감 말이 죽으면 대감의 환심을 사야 하므로 조문 간다는 이야기다. 자신의 이익만을 따져서 행동하는 인간의 옹졸함에 대한 비판이고 권력 있을 때는 아첨하지만 권력 사라지고 나면 쳐다보지도 않는 비겁한 세상인심에 대한 비판이다.

졸음 참아가며 취임식장 찾아가서 눈도장 찍는다.
시간 많았음에도 퇴임식장 찾아가지 않는다.
인간이다.

대문 밖이 저승이라

사람은 언제 죽을지 모름
인간의 목숨은 덧없음

대문만 나서면 곧바로 저승이라는 뜻으로, 인간의 죽음은 멀리 있지 않고 아주 가까이 있다는 말이다. 인간은 언제 죽을지 모르는 연약한 존재라는 이야기다.

아무도 모른다.
저승까지의 거리 얼마만큼 남아 있는지.
착하게 살아야 하는 이유고
미워하지 말아야 하는 이유다.
행복 내일로 미루지 말아야 하는 이유고
모든 사람에게 겸손해야 하는 이유다.

대천(大川) 바다도 건너봐야 안다

직접 경험해보아야 정확하게 알 수 있음
겉모습만으로는 제대로 판단하기 어려움

큰 강이나 바다의 깊이를 정확하게 알고 싶으면 직접 건너보아야 한다는 뜻으로, 직접 경험해보지 않으면 제대로 알 수 없다는 말이다. 겉모습만 보고 섣부르게 판단하지 말아야 하고 자신만 옳다고 큰소리치지 말아야 한다는 이야기다.

키 크다고 농구 잘하는 것 아니고
전라도 음식이라 해서 다 맛있는 것 아니다.
A형이라고 다 소심한 것 아니고
열심히 공부한다고 다 성적 좋은 것도 아니다.

도끼가 제 자루 못 찍는다

자기의 허물을 스스로 발견하고 고치는 것은 어려운 일임

도낏자루는 도끼에 붙어 있기 때문에 어떤 경우에도 도끼가 자신의 도낏자루를 찍을 수는 없다. 아무리 똑똑하고 지혜롭다 할지라도 자신의 허물을 자신이 알아서 고치기는 무척 어려운 일이라는 이야기다.

코 골고 이 가는 잠버릇만 모르는 것 아니라
나의 못난 생각이나 행동도 알지 못한다.
남이 내 머리 깎아주어야 하는 것처럼
오직 다른 사람만이 내 허물 지적해주고 고쳐줄 수 있다.
친구야 우리 품앗이하자.
너는 내 잘못 지적해주고 고쳐주고
나는 네 잘못 지적해주고 고쳐주고.

도둑놈 개 꾸짖듯

남이 들을까 두려워 입으로 우물우물 중얼거림

도둑질하러 갔는데 개가 짖는다. 짖지 말라 야단치거나 때리면 더 크게 짖어댈 것 뻔한 상황. 도둑이 할 수 있는 최선의 방법은 짖지 말아달라고 조용하게 하소연하는 일뿐. 남이 들을까 염려되어 큰 소리로 말하지 못하고 입속으로만 우물우물 중얼거리는 모습에 대한 비유적 표현이다.

나에게 야단맞은 다음에
도둑놈 개 꾸짖는 것처럼 우물우물하는 후배를
못 본 척 지나치는 것은
비겁함 아닌 지혜로움이다.
안 보이는 곳에서는 임금님도 욕한다 하였다.

도둑놈에게 열쇠 맡긴 셈

도둑에게 도둑질할 기회를 주는 어리석음
믿지 못할 사람에게 일을 맡기는 어리석음

도둑에게 열쇠 주는 것은 도둑질해도 괜찮다고 부추기는 행동이다. 나쁜 사람에게 나쁜 짓 할 기회를 주는 바보짓이나 믿을 수 없는 사람에게 일을 맡기는 어리석음을 일컫는 표현이다.

선거 때마다
도둑놈에게 열쇠 맡기는 일인 것 같다는 생각이 들어
화가 나곤 한다.
도둑놈이라 욕하고 욕하였으면서도
우리는 또 그 양반님들에게 표를 던지곤 한다.

도둑맞으면 엄마 품도 들춰 본다

도둑을 맞게 되면 모든 사람이 다 의심스러워 보임

도둑을 맞게 되면 어머니까지 도둑으로 의심하게 된다는 뜻이다.
물건을 잃어버리면 화가 치밀어 오르고 이성까지 잃게 되어 부모
까지도 의심하게 된다는 이야기다.

엄마 품을 들춰 보다니
엄마 품에서 찾아내면 찾아서 슬프고 괴롭고
찾지 못하면 겸연쩍어서 괴롭다는 사실
생각 못하다니.
어떤 경우든 무조건 괴로운 일이라는 사실
알지 못하다니.

도둑은 뒤로 잡지 앞으로 잡나

도둑은 분명한 증거를 가지고 잡아야지 의심만으로 잡아서는 안 됨

'뒤로 잡는다'는 것은 증거를 가지고 잡는다는 의미고 '앞으로 잡는다'는 것은 때리고 윽박질러서 잡는다는 의미다. 확실한 증거 들이대면서 자백 받아내면 탈이 없지만 때리고 윽박질러 잡아내려 하면 오히려 쉽게 공격당할 수 있다는 말이다. 서두르지 말고 철두철미하게 계획을 세운 다음에 시작하라는 이야기다.

굳이 잡아야 한다면 분명한 증거 들이밀어야.
그러나 그것도 10점짜리.
50점짜리는 눈감아주는 것.
80점짜리는 용서해주는 것.

도둑을 맞으려면 개도 안 짖는다

손해를 당하려면 일이 공교롭게 꼬이게 됨

개는 낯선 사람 보면 짖는 습성 있기에 도둑 쫓으려고 개를 키우는 경우도 많다. 도둑을 보고도 개가 짖지 않는 경우는 거의 없는데 운이 없으면 그런 일도 벌어진다는 뜻이다. 운수가 사나워서 평소와 다른 상황이 펼쳐지고 일도 제대로 되지 않을 때 쓰는 표현이다.

짖지 않은 개에게도 문제 있지만
개만 믿은 주인에게도 문제는 있다.
모닝콜 문제 있을 수 있다는 사실 알아서
자명종까지 맞춰놓아야 현명함이다.

도둑이 제 발 저리다

지은 죄가 있으면 자신도 모르게 마음을 졸이고 위축되어 괴로움

'발이 저리다'는 발이 움직여지지 않는다는 뜻이다. 도둑질하게 되면 마음이 위축되어 손발이 저리고 가슴도 뛰게 되며 몸도 움직여지지 않게 된다. 죄를 지으면 몸을 움직일 수 없을 만큼 마음이 불안해지고 긴장된다는 뜻으로, 도둑질은 자신을 불행하게 만든다는 이야기다.

어설피 아는 사람
큰소리로 이렇게저렇게 길게길게 이야기하고
잘못 저지른 사람
발끈하여 이러쿵저러쿵 오래오래 이야기한다.

ㄷ

도둑질을 해도 손발이 맞아야 한다

어떤 일에서든 서로 뜻을 같이해야 일을 성공시킬 수 있음

'손발이 맞다'는 일을 함께할 때 의견이나 행동 등이 서로 일치한다는 의미다. 도둑질 같은 하찮은 일을 하기 위해서도 손발이 맞아야 하는데 그보다 중요한 일을 성공으로 이끌기 위해서는 더더욱 서로 의견이 맞아야 한다는 말이다. 서로 의견이 잘 맞았을 때 목표 달성이 쉽다는 이야기다.

2인3각 경기에서는
손발 잘 맞는 초등학생 2명이
손발 맞지 않는 국가대표 육상선수 2명을
이길 수 있다.
의견이 하나 되지 못할 거라면
차라리 백지장 혼자 드는 게 낫다.

도랑 치고 가재 잡는다

한 번의 노력으로 두 가지 이익을 얻음

'가재'는 산골짜기 물속 돌 틈에 사는 절지동물이다. 도랑을 친다는 것은 도랑에 쌓인 흙이나 돌멩이, 나뭇가지 등을 치우는 일이고 도랑을 치는 이유는 물을 잘 흘러 내려가도록 하여 침수 피해가 발생하지 않도록 하기 위함이다. 도랑을 침으로써 침수 피해를 예방하는 이익을 얻었을 뿐 아니라 덤으로 가재까지 잡게 되었다는 말이다. 한 가지 일을 함으로써 두 가지 이상의 이익을 얻게 되는 경우를 일컫는 표현이다.

아무 일 하지 않는다면
어떤 것도 얻을 수 없다.
가재 잡을 수 있었던 이유는
도랑을 쳤기 때문.

도마 위에 오른 고기

피할 수 없는 막다른 운명

고기가 도마 위에 올랐다는 것은 죽기 직전이라는 의미다. 도마 위에 올라 죽기 직전에 처한 물고기와 같다는 뜻으로, 피하기 어려운 위태로운 상황을 일컫는 비유적 표현이다.

나도 나의 가족도
너도 너의 가족도
하루하루 도마에 오른 고기일 수 있다.
행복 미루지 말아야 하는 이유다.

도토리 키 재기

견주어 볼 필요가 없을 만큼 비슷비슷함
정도가 고만고만한 사람끼리 서로 다툼

큰 도토리 있고 작은 도토리 있지만 크다 해도 조금 클 뿐이고 작다 해도 조금 작을 뿐이다. 고만고만한 도토리들끼리 자신이 더 크다고 큰소리치면서 다투지만 실제는 거의 비슷하다는 뜻이다. 굳이 다툴 필요가 없는 비슷한 사람끼리 자기가 더 잘났다고 큰소리치며 다투는 상황을 일컫는 표현이다.

커도 도토리고 작아도 도토리다.
커도 빈손으로 가고 작아도 빈손으로 간다.
철부지 도토리들은 오늘도 키를 재고 있다.

도포 입고 논 썰기

격에 지나쳐 어울리지 않음

'도포'는 예복으로 입던 남자의 겉옷으로 오늘날의 코트와 비슷하고 '논을 썬다'는 갈아놓은 논에 물을 대고 흙덩이를 부수는 일을 가리킨다. 양복 입고 구두 신은 채 씨름하는 것처럼 어울리지 않는 일이라는 뜻으로, 격에 맞지 않아서 어색한 상황을 일컫는 표현이다.

쓰임새 생각하고 오랜 시간 고민한 후

옷 만들었다.

의도에 맞게 옷 입어야 하는 이유다.

독 안에 든 쥐

아무리 노력해도 벗어날 수 없고 꼼짝할 수 없는 처지

'독'이란 음식을 담아 두는 원통 모양의 항아리다. 동작이 민첩하여 재빠르게 도망치는 쥐이지만 독 안에 들어가게 되면 독이 높고 미끄러워서 밖으로 나오지 못하여 쉽게 잡힐 수밖에 없다. 독 안에 갇혀 빠져나올 수 없는 절망적 상황에 처해 있는 쥐와 같다는 뜻으로, 아무리 노력해도 벗어날 수 없게 된 처지에 대한 비유적 표현이다.

낚싯바늘에서 빠져나오는 물고기 있고
독 안에서 도망쳐나오는 쥐도 있다.
독 안에 든 쥐라며 좌절해서 안 되고
독 안에 든 쥐라며 가소롭게 여겨서도 안 된다.

독수리는 파리를 못 잡는다

자신의 능력에 맞는 일이 따로 있음
모든 일을 다 잘할 수는 없음

산토끼나 꿩 등은 쉽게 잡을 수 있는 독수리도 작은 파리는 잡을 수 없다는 뜻이다. 엄청난 능력을 가졌다 해서 어떤 일이든 다 잘할 수 있는 것은 아니며 각자의 능력에 맞는 일 따로 있다는 이야기다.

참 공평하시고 참 고마우신 조물주이시다.
모든 생명체 더불어 살라 하신 조물주이시다.
작은 생명들도 더불어 살아가자 하시는
참 멋진 독수리님이다.
대기업 선생님 되어 마땅한 독수리님이다.

독을 보아 쥐를 못 친다

다른 일까지 잘못될까 두려워서 하고 싶은 일을 못함

독 옆에 있는 쥐를 잡으려 돌을 던지려는 순간, 돌을 던지면 독이 깨질 것이라는 염려 때문에 차마 돌을 던지지 못한다는 뜻이다. 공격하고 싶지만 공격이 오히려 또 다른 문제를 일으킬까 염려되어 망설인다는 이야기다.

쥐가 독에게 감사하지 않는 이유는
모르기 때문.
독 때문에 돌 맞지 않았다는 사실
알지 못하기 때문.

돈에 침 뱉는 놈 없다

사람은 누구나 돈을 소중하게 여김

침을 뱉는다는 것은 더럽게 여기고 무시한다는 의미다. 돈을 더럽게 여기거나 무시하는 사람은 없다는 뜻으로, 사람은 누구나 돈을 귀하게 여긴다는 이야기다.

세 살 어린아이부터
아흔아홉 살 할아버지까지 모든 사람이
좋아하는 돈.
소유 자체를 목적으로 삼는 불쌍한 사람도
적지 않다.

돈이 장사다

돈으로 해결하지 못하는 일이 없음

돈이 장사처럼 힘이 세다는 뜻으로, 돈만 있으면 못할 일이 없다
는 말이다. 돈의 위력이 대단하다는 이야기고 돈만 있으면 그 어
떤 어려운 문제도 해결 가능하다는 이야기다.

돈이 왕이고
돈이 사람을 움직이며
돈이 사람을 웃게 만들고 울게 만든다.
돈은 무릎 꿇리기 좋아하고
돈은 절 받기 좋아한다.

ㄷ

돌다리도 두드려보고 건너라

섣부르게 덤비지 말고 조심성 있게 하라

아무리 튼튼하고 안전하게 보이는 돌다리라 할지라도 두드려봄으로써 안전을 확인한 다음에 건너야 한다는 뜻으로, 어떤 일이든 신중하게 처리해야 한다는 말이다. 아무런 문제가 없을 것이라 판단될지라도 항상 철저하게 확인하고 신중하게 생각해본 다음에 처리하는 것이 현명하다는 이야기다.

가야 할 길 멀지라도
해야 할 일 많을지라도
'천천히', '신중히'가 오히려 '빨리'가 되는 경우 많다.

돌도 십 년을 보고 있으면 구멍이 뚫린다

꾸준히 노력하면 안 되는 일이 없음

오랜 시간 정성을 다해 쳐다보고 또 쳐다보면 돌에 구멍이 뚫릴 수 있다는 뜻으로, 포기하지 않고 정성을 들여 노력하면 안 되는 일이 없다는 말이다. 끈기로 무장하여 꾸준히 노력하면 뜻을 이룰 수 있다는 이야기다.

안 될 것 같다는 생각은
안 될 거라는 선입견이 낳은 편견일 뿐.
10년 보는 것이 어려운 일이지
구멍 뚫림이 어려운 일인 것 아니다.
한국사람 100% 한국말 잘하고
미국사람 100% 영어 잘한다.

돌로 치면 돌로 치고 떡으로 치면 떡으로 친다

원수는 원수로 갚고 은혜는 은혜로 갚음

남이 나를 돌로 치면 나 역시 돌로 대갚음하고 남이 나에게 떡을
주면 나 역시 떡을 선물해 보답하겠다는 뜻으로, 상대방이 나를
대접해주는 만큼 자신도 상대방을 대접해주겠다는 이야기다. 받
은 만큼 주게 되는 인간 심리를 표현한 말이고 뿌린 대로 거두게
되는 세상 이치를 설명해주는 말이다. '눈에는 눈, 이에는 이'도 같
은 의미다.

돌로 쳐도 떡으로 칠 수 있는 사람
그런 사람 많이 만나고 싶다.
나는 그런 사람 될 수 없을까?

돌부리를 차면 발부리만 아프다

쓸데없이 화를 내면 자신만 손해임

'돌부리'는 땅위로 도드라지게 나온 돌멩이의 뾰족한 부분인데 발로 차면 발 다칠 확률이 매우 높다. 돌부리를 차면 자신의 발만 아플 뿐 돌멩이는 아무렇지 않다는 뜻으로, 쓸데없이 화를 내면 자신만 손해 보는 것이니 절제해야 한다는 이야기다.

개에게 물리지 않는 방법 아주 간단하다.
개 자극하지 않는 것이 그것이다.
고통 받지 않는 비법 역시 간단하다.
주먹질, 발길질하지 않는 것이 그것이다.

동냥은 안 주고 쪽박만 깬다

돕기는커녕 훼방만 놓음

'동냥'은 거지가 돌아다니며 돈이나 물건 등을 거저 달라고 비는 일이나 그렇게 얻은 물건이고 '쪽박'은 작은 바가지다. 동냥을 주기는커녕 동냥하는 데 필요한 바가지까지 깨버린다는 뜻으로, 도와주기는커녕 오히려 손해만 끼치는 나쁜 행동을 일컫는다.

동냥 주는 기쁨 모르는 사람
쪽박 깨지는 아픔 모르는 사람
모두 모두 사람 같지 않은 사람.

동네마다 후레아들 하나씩은 있다

사람 사는 곳에는 반드시 못된 사람도 섞여 있음
많은 물건 중에는 나쁜 것도 섞여 있음

'후레아들'은 막되게 자라서 버릇없는 사람을 얕잡아 이르는 말이다. 동네에는 다양한 부류의 사람들이 모여 살기 때문에 거기에는 확률상 버릇없는 아이들 한두 명은 반드시 있기 마련이라는 이야기다.

무릉도원 찾으러 땀 흘리지 마라.
그곳에도 후레아들 반드시 있을지니.
외딴섬에 집 지을 계획 취소하라.
집 완공된 날
후레아들 헤엄쳐 건너올 것 확실하니.

동의 일 하라면 서의 일 한다

말을 제대로 알아듣지 못하여 딴전을 부림

동쪽 밭에서 일을 하라고 했는데 서쪽 밭에서 일을 하고 있다는 뜻으로, 말을 잘 알아듣지 못하여 엉뚱하게 행동함을 일컫는 표현이다.

인간의 마음속에 청개구리 살아 있다.
이 일 하라 저 일 하라
강요해서는 안 되는 이유다.

돼지는 흐린 물을 좋아한다

더러운 사람은 더러운 사람끼리 어울리기를 좋아함

'돼지'는 '미련함', '탐욕스러움', '뚱뚱함'의 의미로도 쓰이지만 '더러움'이라는 의미로도 쓰인다. 더러운 돼지는 자기가 더러우니까 더러운 물을 좋아한다는 뜻으로, 끼리끼리 어울리기 좋아하는 심리를 일컫는 비유적 표현이다.

흐린 물을 좋아해서 아니라
흐린 물에 길들었기 때문이다.
아니라면
맑은 물 없기에 흐린 물 마다하지 못하는 것이다.

돼지에 진주목걸이

값어치를 모르는 사람에게는 어떤 보물도 소용없음

진주목걸이의 가치를 알지 못하는 돼지에게 진주목걸이를 채워주는 것은 의미 없는 일이라는 뜻으로, 가치를 알지 못하는 사람에게는 그 어떤 좋은 말이나 귀한 물건도 소용없다는 이야기다.

돼지도 세상 구경 하고 나면
진주목걸이 애지중지할 것 같은데.
돼지도 배부르고 나면
진주목걸이 욕심날 것 같은데.

되로 주고 말로 받는다

남에게 피해 조금 끼쳤는데 앙갚음은 크게 당함

한 가마의 10분의 1이 '말'이고, 한 말의 10분의 1이 '되'다. 적게(한 되) 주고 많이(한 말=10되) 받는다는 뜻으로, 남에게 미운 짓 한 번 함으로써 열 배 이상 앙갚음을 당하게 된다는 이야기다.

억울하다고?

한 대 때리고 열 대 맞았다고?

억울할 것 없다.

주먹으론 한 대 때렸지만

맞은 친구는 가슴으로 백 대 맞은 것이니.

될성부른 나무는 떡잎부터 알아본다

크게 될 사람은 어릴 적부터 다름

'될성부르다'는 잘될 가망이 있어 보인다는 의미다. 나중에 크게 잘 자랄 나무는 떡잎이 나오는 순간부터 알아볼 수 있다는 뜻으로, 장래에 크게 될 사람은 어릴 때부터 하는 행동이나 말이 보통 사람들과 다르다는 이야기다.

늦게 핀 꽃이 더 아름다울 수 있고
출발 늦은 차가 먼저 도착할 수 있다.
떡잎 때 알아보지 못한 큰 나무 참 많다.

두 손뼉이 맞아야 소리가 난다

어느 한 사람이 피하면 다툼은 일어나지 않음
책임은 양쪽 모두에게 있음

한 손바닥으로는 소리를 낼 수 없고 두 손바닥이 마주쳐야 소리를
낼 수 있다는 뜻으로, 싸움의 책임은 한 사람에게만 있는 게 아니
라 두 사람 모두에게 있다는 말이다. 한 사람이 양보하면 다툼은
일어나지 않는다는 이야기이기도 하다.

너 때문에 패배했노라 이야기해서도 안 되고
나 때문에 이겼노라 이야기해서도 안 된다.

두부 먹다 이 빠진다

방심하거나 운이 나쁘면 쉬운 일 하면서도 크게 낭패를 당함

엿이나 떡을 먹다 이 빠지는 경우는 있지만 두부 먹다가 이 빠지는 경우는 없다. 재수가 없으면 두부 먹다가도 이 빠질 수 있다는 뜻으로, 예상치 못한 사고는 언제든지 일어날 수 있기 때문에 모든 일에 항상 조심해야 한다는 이야기다.

두부 때문 아니라 이빨 때문이고
빠질 때 되었기 때문에 빠진 것이다.

둘이 먹다가 하나가 죽어도 모르겠다

음식이 매우 맛있음

함께 먹던 옆 사람이 죽어가는 것도 모르고 음식을 먹었다는 말이
다. 옆에서 무슨 일이 벌어졌는지 모를 정도로 음식이 맛있어서
먹는 일에 정신을 빼앗겼다는 뜻으로, 음식 맛이 너무 좋다는 이
야기다.

옆 사람이 죽는 줄도 모르고 음식을 먹는 사람은
뭘 해도 해낼 수 있는
집중력 대단한 사람이다.

ㄷ

뒷간에 갈 적 맘 다르고 올 적 맘 다르다

상황의 변화에 따라 인간의 마음이 변함

대소변이 급할 때는 화장실에 가게만 해준다면 무슨 부탁이든 들어줄 마음이었지만 화장실에서 나오게 되면 급한 상황을 벗어났기 때문에 냉정하게 변한다는 뜻이다. 조건, 환경, 시간, 장소에 따라 쉽게 변하는 변덕스러운 인간 심리에 대한 표현이고 필요할 때에는 다급하게 굴다가 필요 없어지면 쌀쌀하게 대하는 비겁한 인간 심리에 대한 비유적 표현이다.

욕하지 마라.
너도 그러했을 테니.
화내지 않겠다.
나도 많이 그러할 테니까.

드는 정은 몰라도 나는 정은 안다

정 드는 것은 느끼기 힘들어도 정 식어가는 것은 뚜렷하게 느낄 수 있음

건축물이나 둑 만드는 일은 시간과 에너지가 많이 필요하지만 무너지는 것은 순식간이다. 하나의 사건 때문에 정 드는 경우는 흔치 않지만 하나의 사건으로 말미암아 정 떨어지는 경우는 많다는 말이다. 정은 서서히 들기 때문에 정이 들 때에는 큰 기쁨 느끼지 못하지만 정 떨어져나가는 것은 순간이어서 슬픔과 고통을 크게 느낀다는 이야기다. '든 자리는 몰라도 난 자리는 안다'도 비슷한 의미다.

들어오는 것은 당연한 일이라 생각하고
나가는 것은 있을 수 없는 일이라 생각한다.
받을 때는 적다고 느끼고
줄 때는 크다고 느낀다.

들어서 죽 쑨 놈은 나가도 죽 쑨다

집에서 하던 나쁜 버릇은 나가서도 버리지 못함
집에서 일만 하던 사람은 나가서도 일만 하게 됨

'죽을 쑤다'는 어떤 일을 망쳤거나 실패했다는 의미다. 집에서 일을 망친 사람은 밖에 나가서도 일을 망친다는 뜻으로, 집에서 하던 나쁜 버릇은 집 밖에서도 하기 쉽다는 말이다. 습관 바꾸는 일은 어려운 일이라는 이야기다.

전주에서 축구 못하는 학생
서울 가서는 축구 잘할까?
한국에서 시속 100km 던진 선수
미국 간다 해서 시속 130km 던질 수 있을까?

들으면 병이요 안 들으면 약이다

들어서 걱정될 일이라면 듣지 않는 편이 나음

들으면 알게 되고 알면 그것 때문에 속앓이하게 되어 병이 생기지
만 듣지 않아 모르는 상태에서는 괴로워하지 않아도 되고 그래서
병도 생기지 않는다는 뜻이다. 들어서 걱정될 이야기라면 차라리
듣지 않는 편이 낫다는 이야기다.

맑은 공기와 깨끗한 물 때문이기도 하지만
듣지 못해서 알지 못하고
알지 못해서 괴로워할 이유 없기 때문이다.
깊은 산속이 좋은 이유.

등잔 밑이 어둡다

가까이 있는 일은 오히려 잘 모르는 경우가 많음

'등잔'은 기름을 담아 등불을 켤 때 사용하는 도구다. 등잔불을 켜면 등잔이 만든 그림자 때문에 등잔 바로 밑은 오히려 어둡게 된다. 등잔 밑은 등잔불과 거리는 가깝지만 오히려 어둡다는 뜻으로, 가까운 곳에서 생긴 일은 오히려 잘 알지 못한다는 이야기다.

너무 멀면 멀어서 안 보이고

너무 가까우면 가까워서 안 보인다.

참 어렵다.

딸이 셋이면 문 열어 놓고 잔다

딸 시집보내는 데에 돈이 많이 들어감

'문 열어 놓고 잔다'는 도둑이 무섭지 않다는 뜻인데 도둑이 무섭지 않은 이유는 도둑맞을 물건이 없기 때문이다. 딸 셋을 시집보내고 나면 살림살이가 몽땅 없어진다는 뜻으로, 딸 시집보내는 데에 돈이 많이 들어간다는 이야기다.

어렸을 땐

누군가 일으켜 세워주면 기분 좋았다.

어른이 되고 난 후엔

누군가 일으켜 세워주면 자존심 상했다.

결혼하려는 딸,

19세기엔 미성년자였고 경제적 능력 없었지만

21세기 오늘엔 어른 아닌가? 경제적 능력 있지 아니한가?

땅 짚고 헤엄치기

매우 쉬운 일

얕은 물에서 땅바닥에 손을 짚고 헤엄치는 일은 누구라도 할 수 있는 아주 쉬운 일이라는 뜻으로, 세 살배기 어린아이도 할 수 있는 매우 쉬운 일을 일컫는 비유적 표현이다.

땅 짚고 헤엄치는 일까지도
도와주려는 부모들 많다.
바보 만드는 일인 줄 알지 못한다.

때리는 시어머니보다 말리는 시누이가 더 밉다

겉으로 위해주는 척하면서 속으로 헐뜯는 사람이 더 나쁨

'시누이'는 남편의 여동생이나 누나다. 때리는 시어머니도 밉지만 시어머니가 때릴 때 옆에서 말리는 척하면서 뒤에서 험담하고 더 때려주어야 한다고 부추기는 시누이가 더 미울 수밖에 없다는 뜻이다. 당사자 앞에서는 위해주는 척하면서 당사자 없는 곳에서는 헐뜯기 좋아하는 사람을 비꼬는 말이다.

보아야만 볼 수 있는 것 아니고
들어야만 들을 수 있는 것도 아니다.
눈빛, 말투, 표정, 행동으로 더 정확하게 알아낼 수 있다.

때린 놈은 가로 가고 맞은 놈은 가운데로 간다

가해자의 마음은 불안하지만 피해자의 마음은 편안함

때린 사람은 누군가가 보복해올까 두려워서 사람들이 다니지 않는 가장자리 길로 가지만 맞은 사람은 두려울 것 없기 때문에 당당하게 가운데 길로 간다는 뜻으로, 해를 입힌 사람의 마음은 불편하지만 해를 입은 사람의 마음은 편안하다는 이야기다. '때린 놈은 다리 못 뻗고 자도 맞은 놈은 다리 뻗고 잔다', '도둑질한 사람은 오그리고 자고 도둑맞은 사람은 펴고 잔다'도 같은 의미다.

세상을 50년 이상 살아본 사람은 안다.
때린 놈이 패배자가 될 수밖에 없다는 사실을
지는 것이 이기는 것이라는 사실도.

떡 본 김에 제사 지낸다

우연히 찾아온 기회에 계획했던 일을 해치워버림

떡은 귀한 음식이면서 제사 지낼 때 반드시 필요한 음식이었다.
우연히 떡이 생겼을 때 그 떡으로 제사를 지낸다는 뜻으로, 기회
가 왔을 때 해야만 하는 일을 해치워버린다는 말이다.

오늘 20km 달리고 내일 20km 달리면
모레도 글피도 20km씩 달릴 수 있지만
오늘 30km 달리면
내일도 모레도 글피도 누워 있어야만 한다.
오늘 생긴 떡은 오늘 먹고
제삿날에 제사떡 한 번 더 먹는 게 좋은 일 아닌가?

떡 줄 사람은 생각도 않는데 김칫국부터 마신다

줄 사람은 생각하지도 않는데 괜히 받을 것을 기대함

떡은 맛있기는 하지만 소화가 잘 안 되기 때문에 김칫국과 함께 먹는 경우가 대부분이다. 이웃집에서 떡 만드는 것을 본 사람이 자기에게 떡을 나눠주리라 기대하고서 미리 김칫국을 마셔둔다는 뜻이다. 줄 사람은 생각지도 않는데 자기 혼자서 받을 것을 기대하는 경솔함을 비꼬는 표현이다.

김칫국 마신 사람만 잘못한 것인가?

떡 나눠주지 않는 사람이 더 잘못한 것 아닌가?

주고 싶지 않았다면 떡 몰래 해야 하는 것 아닌가?

떼어 놓은 당상

일이 확실하여 조금도 틀림이 없음

'당상'은 '당상관'의 준말로 조선시대 정3품 이상의 벼슬을 가리켰다. 당상관 벼슬자리를 누군가에게 주려고 따로 떼어서 잘 보관해 두었으니 염려하지 말라는 뜻으로, 변하거나 없어질 리 없으니 걱정하지 않아도 된다는 이야기다.

당상관 벼슬자리 떼어 놓았다고?
청산해야 할 관행인 줄은 안다고?
지금까지 그래왔었다고?
이번까지만 떼어 놓은 것으로 하자고?

똥 묻은 개가 겨 묻은 개 나무란다

자기의 큰 결점은 모르고 남의 작은 결점만 흉봄

허물 많은 사람이 허물 적은 사람을 흉봄

'겨'는 벼나 보리의 껍질이다. 똥 묻어 더럽고 냄새까지 풍기는 더러운 개가 작은 겨 하나 묻은 개를 향해 더럽다고 야단친다는 뜻이다. 자신의 큰 허물은 알지 못하고 남의 작은 허물만 나무라는 어리석음을 비꼬는 말이다.

거울 선물해줄 용기
그대는 가지고 있는가?
거울 선물 감사한 마음으로 받을 용기
그대는 가지고 있는가?

똥 싼 놈은 달아나고 방귀 뀐 놈이 잡혔다

큰 범죄자는 도망치고 작은 범죄자만 잡혀서 처벌을 받음

크게 잘못한 사람은 도망쳐버리고 조그마한 실수를 한 사람만 잡혀서 처벌을 받는다는 뜻이다. 진짜 나쁜 놈은 권력이나 돈을 이용해서 빠져나가고 작은 잘못 저지른 힘없는 사람만 처벌받는 상황에 대한 비판적 표현이다.

웃프다.
세상 많이 좋아졌다는데
아직도 큰 잘못 저지른 놈은 이렇게저렇게 웃으며 지내고
사소한 잘못 저지른 사람은 교도소에서 달력에 구멍 내고 있다.

똥 친 막대기

천하게 되어 아무짝에도 못 쓰게 된 물건이나 버림받은 사람

똥을 치우는데 사용한 막대기는 더러울 수밖에 없다. 똥 묻어 더러워졌기 때문에 더 이상 쓸모없어진 막대기라는 뜻으로, 쓸모없게 되어서 천대받고 버림받는 물건이나 사람을 일컫는 표현이다.

똥 친 막대기가 더러운 게 아니라
더러운 똥 치워준 막대기를 더럽다며 내던지는
그 인심이 더럽다.

똥구멍으로 호박씨 깐다

겉으로는 얌전한 체하지만 속은 의뭉스럽고 엉큼하여 엉뚱한 짓을 함

호박은 맛있고 영양이 풍부한 식품이다. 호박을 훔쳐 먹고서 안 먹은 척 시치미를 떼었는데 배설물 속에 호박씨가 있어 도둑질이 탄로 났다는 이야기에서 나온 말이다. 겉으로는 얌전한 척하면서 은밀하게 엉큼한 짓 하는 사람을 비꼴 때 쓰는 표현이다.

학교는
영어, 수학만 열심히 가르칠 뿐
똥구멍으로 호박씨 까는 일이 나쁘다는 사실은
건성건성 흉내만 내며 가르치고 있다.

똥은 건드릴수록 구린내만 난다

못된 사람은 건드릴수록 더 나빠짐

똥은 시간이 지나면 마르고, 마르게 되면 냄새 사라지지만 그 똥 건드리게 되면 냄새는 끊임없이 진하게 풍긴다. 똥은 건드릴수록 냄새가 더 심하게 생겨난다는 뜻으로, 악한 사람은 건드릴수록 더 악해지게 되는 것이니 건드리지 않는 것이 현명하다는 이야기다.

지적하자니 싸움 걸어올 것 같고
그냥 지나가자니 비겁한 것 같고
이래도 아픔이고 저래도 슬픔이다.

똥이 무서워서 피하나 더러워서 피하지

나쁜 사람을 피하는 이유는 무섭기 때문 아니라 상대할 가치 없기 때문임

누구나 똥을 보면 피하게 되는데 이유는 무서워서가 아니라 더럽기 때문이다. 악한 사람이나 사람 같지 않은 사람을 상대하지 않는 이유 역시 무섭기 때문 아니라 똑같이 더러워지고 싶지 않기 때문이라는 이야기다.

무서워서 고개 숙이는 줄 알았다.
나도 무서움으로 무장해야 한다고 생각했다.
더러워서 피하는 것이라는 사실 이제야 알아냈다.
무서움으로 무장해야겠다는 생각 쓰레기통에 던져버렸다.

똬리로 샅 가린다

가린다고 가렸지만 정작 중요한 곳은 가리지 못함

'똬리'는 짚이나 천을 꼬아서 고리 모양으로 만든 물건이고 '샅'은 음부와 항문 사이다. 가운데가 뚫린 똬리로 샅을 가리게 되면 정작 가리려 했던 주요 부위는 가려지지 않는다는 뜻으로, 일을 한다고 했지만 가장 중요한 일은 하지 못했을 때 쓰는 표현이다.

똬리로 샅 가린 후 안도하며 미소 짓는 사람
너이고 나이고 우리 모두다.

뚝배기보다 장맛

겉모양은 보잘것없어도 내용은 훌륭함

'뚝배기'는 진흙을 빚어서 구워 만든 볼품없는 그릇이고 '장맛'은 간장 맛 또는 된장 맛이다. 뚝배기는 볼품없지만 그 뚝배기 안에 담긴 장맛은 좋다는 뜻으로, 겉모양은 보잘것없지만 내용은 훌륭한 경우에 쓰는 표현이다.

"보기 좋은 떡이 먹기도 좋다"와
"뚝배기보다 장맛"
어느 장단에 춤추어야 하는가?

뛰는 놈 위에 나는 놈 있다

뛰어난 사람 위에 더 뛰어난 사람이 있는 것이니
자기만 잘났다며 뽐내서는 안 됨

뛰는 사람은 기어 다니거나 걷는 사람을 보면서 자신의 능력이 대
단하다고 생각하지만 날아다니는 사람도 있다는 사실 알아야 한
다는 뜻이다. 자기만 잘났다고 착각하여 자만하지 말아야 한다는
말이고 자기보다 더 잘난 사람 있음을 알아서 뽐내지 말고 겸손해
야 한다는 이야기다.

내가 보는 것이 전부 아니고
내가 아는 것이 전부 아니다.
나보다 뛰어난 사람 엄청 많다.

뜨물 먹고 주정한다

공연히 취한 척하면서 행패 부림
억지 부리거나 거짓말을 함

'뜨물'은 쌀이나 보리를 씻을 때 나오는 부옇게 된 물이고 '주정'은
술에 취하여 정신없이 하는 말이나 행동이다. 뜨물 색깔이 막걸리
와 비슷하다는 이유로 뜨물 먹고서 막걸리 먹고 취한 척한다는 이
야기다. 괜히 취한 척하면서 억지 쓰거나 행패 부리는 사람을 일컫
는 표현이다.

뜨물 먹고 주정하는 사람
축구경기에서는
할리우드 액션이라며 옐로 카드 준다.

마누라 자랑은 말아도 병자랑은 하랬다

병은 사람들에게 많이 알릴수록 치료 가능성이 높음

마누라 자랑하는 것은 교만이거나 어리석음이지만 자신이 앓고 있는 병을 이 사람 저 사람에게 이야기하는 것은 병을 치료할 수 있는 좋은 방법이 된다는 말이다. 자신의 병을 드러내는 것이 부끄러움일 수 있지만 여러 사람에게 이야기하면 경험자들로부터 치료 방법을 배울 수 있고 훌륭한 의사까지 만날 수 있어 좀 더 쉽게 치료할 수 있다는 이야기다.

알아야 면장할 수 있고
알아야 사랑할 수 있으며
알아야 치료할 수 있다.

마루가 높으면 천장이 낮다

한 가지가 좋으면 한 가지는 나쁨
모든 것이 다 좋을 수는 없음

천장까지의 높이는 토방에서 마루까지 높이와 마루에서 천장까지 높이의 합이기에 마루가 높으면 천장이 낮고 마루가 낮으면 천장이 높을 수밖에 없다. 한 가지가 좋으면 다른 한 가지는 나쁠 수밖에 없는 것이 세상 이치라는 이야기다.

하나가 높으면 하나가 낮아야 하는
하나를 얻으면 하나는 잃어야 하는
누구도 고개 끄덕일 수밖에 없는 아름다운 법칙.
세상은 그래서 살 만한 동네인 것이다.

마른 나무를 태우면 생나무도 탄다

안 되는 일도 분위기를 타면 잘될 수 있음

생나무는 수분이 많기 때문에 잘 타지 않지만 생나무 옆에서 마른 나무를 태우면 그때 발생하는 열이 생나무의 수분을 날아가게 만들어 생나무도 마른 나무와 함께 타게 된다. 세상 모든 일은 주위의 영향을 받는다는 이야기고 평소에 잘되지 않던 일도 주변의 영향을 받으면 잘될 수 있다는 이야기다.

생나무 태우려 덤비는 사람 있고
마른 나무 태움으로 생나무 타게 만드는 사람 있다.
어리석은 사람 있고
현명한 사람 있다.

마른하늘에 날벼락

뜻하지 않은 상황에서 당하게 된 큰 재난

'마른하늘'은 비나 눈이 오지 않는 맑게 갠 하늘이고 '날벼락'은 느닷없이 치는 벼락이다. 화창한 날씨였는데 순간적으로 벼락이 쳤다는 뜻으로, 갑자기 당하는 불행이나 재앙을 일컫는 표현이다.

살아남은 것만으로 감사해야지.

계속되지 않는 것만으로 감사해야지.

마음 없이 염불

하고 싶지 아니한 일을 마지못해 함

'염불'은 '생각 념(念)' '부처님 불(佛)'로 부처님의 모습과 공덕을 생각하면서 아미타불을 부르는 일이다. 모든 일이 그렇듯 염불할 때에도 입으로만 아미타불 불러서는 안 되고 부처님의 공덕을 생각하면서 불러야 한다. 마음은 다른 곳에 두고 입으로만 염불한다는 뜻으로, 마음에 없는 행동을 마지못해 하는 것을 일컫는 말이다.

마음 없는 염불도 뭔가 이상하고

마음 없다는 이유로 염불하지 않는 것도 왠지 이상하다.

마음 없는 염불하는 사람도 불쌍하고

마음 없는 염불하게 만드는 사람도 불쌍하다.

마음이 굴뚝같다

하고 싶은 마음이 간절함

'굴뚝'은 연기가 밖으로 빠져나가도록 만든 구조물인데 집에서 가장 높은 곳에 있고 목을 빼고 있는 듯한 모습이며 뜨겁기까지 하다. 마음이 굴뚝처럼 높이 있다, 마음이 굴뚝처럼 목을 빼고 기다린다, 마음이 굴뚝처럼 뜨겁다는 뜻으로, 해석할 수 있는데 모두 간절한 마음이라는 의미다. 연기가 굴뚝에서 몽글몽글 솟아오르는 것처럼 욕심이 끊임없이 솟아오른다는 해석도 가능하다.

굴뚝같은 마음
어쩌다 한 번씩이다.
들어주지 않으면 안 되는 이유다.

마파람에 게 눈 감추듯

음식을 매우 빨리 먹어치움

일을 빨리 해치움

'마파람'은 남쪽에서 불어오는 바람인데 비를 몰아오는 경우가 많아서 게는 마파람이 불기만 하면 지레 겁을 먹고 급히 눈을 감는다고 한다. 마파람이 불 때 게가 눈을 재빠르게 감는 것처럼 행동이 민첩하다는 이야기다. 음식을 언제 먹었는지 모를 만큼 빨리 먹어치우거나 일을 재빠르게 해치울 때 쓰는 표현이다.

어머니께서는 야단치신 적 없다.

마파람에 게 눈 감추듯 먹는다고

아내는 가끔씩 야단치곤 한다.

마파람에 게 눈 감추듯 먹는다며.

막대 잃은 장님

의지할 곳을 잃어 꼼짝 못하게 된 처지

장님은 앞을 볼 수 없기 때문에 막대를 휘저으면서 자기가 가는 길목에 장애물이 있는지 없는지 확인하면서 걷는다. 눈 역할을 하는 막대를 잃어버려서 조금도 앞으로 나아갈 수 없게 되었다는 뜻으로, 의지할 대상을 잃어버려서 꼼짝 못하게 된 처지를 일컫는 표현이다.

막대 잃은 장님에게
막대 건네는 것만으로도
천국 갈 확률 높아지는데.

말 가는 데 소도 간다

누군가 하고 있는 일이라면 누구라도 능히 잘해낼 수 있음

'말'과 '소'는 크기나 생김새가 비슷하기 때문에 말이 하는 일이라면 소도 능히 할 수 있다는 의미다. 갑이 하는 일이라면 을도 능히 할 수 있다는 뜻으로, 하느냐 하지 못하느냐는 능력의 문제 아니라 자신감과 의지의 문제라는 이야기다.

능력이 중요한 경우 없는 것 아니지만
의지가 중요한 경우가 훨씬 많다.

말 많은 집은 장맛도 쓰다

말이 많으면 모든 일이 제대로 되지 않음

'장맛'은 간장, 된장, 고추장의 맛을 일컫는데 장맛이 쓰면 어떤 음식도 맛이 있을 수 없기에 장맛은 행복의 기초가 된다. 자기 생각이 옳다고 우기면서 말을 많이 하게 되면 장맛까지 쓰게 된다는 뜻으로, 말을 많이 하게 되면 모든 일에서 맛과 재미와 행복이 사라진다는 말이다. 말이 많으면 집안의 화목이 깨진다는 표현이고 말은 적게 하는 것이 행복 만들기의 기초라는 이야기다.

말을 많이 하게 되면
생각은 적게 할 수밖에 없고
생각 적게 하면
일 제대로 할 수 없고
일 제대도 해내지 못하면 행복 만들어낼 수 없다.

말 안 하면 귀신도 모른다

말을 주고받아야만 마음을 이해할 수 있음

필요한 말은 해야 함

말하지 않으면 그 누구도 알거나 이해할 수 없다는 뜻으로, 일을 해결하고 싶다면 마음속으로만 애태우지 말고 말이나 글로 정확하게 표현해야 한다는 말이다. 자신의 진심을 정확하게 전달하는 것이 문제 해결의 지름길이라는 이야기다.

배고프다 말해야 하고

도와달라 말해야 한다.

감사하다 말해야 하고

미안하다 말해야 한다.

그리고 그리고 그리고 사랑한다 말해야 한다.

후회하지 않으려면.

말 잘하고 징역 가랴

말을 잘하면 일 그르칠 염려가 없음

말을 부드럽게 하고 조리 있게 하면 지은 죄도 용서받을 수 있고
불행도 막아낼 수 있다는 뜻으로, 말하기가 중요하다는 이야기다.
내용이 충실해야 할 뿐 아니라 말투, 억양, 크기, 태도, 표정까지
적절해야 한다는 이야기다.

친구의 무엇에 화났고
친구의 무엇에 기뻤는가?
99%는 '말' 아니었던가?
'어'라는 말에 화났고
'아'라는 말에 기쁘지 않았던가?

말 타면 경마 잡히고 싶다

인간의 욕심은 끝이 없음

'경마 잡히다'는 말고삐를 남에게 잡혀서 몰고 가게 한다는 의미다. 걸을 때는 말 타는 것만 바랐는데 막상 말을 타게 되니 경마 잡히고 싶은 욕심이 생기더라는 뜻으로, 인간의 욕심은 끝이 없다는 이야기다.

말 타면 경마 잡히고 싶은 마음
조물주의 작품이다.
비웃으려면
조물주 비웃어야 한다.

말 한마디에 천 냥 빚도 갚는다

말만 잘하면 어려운 일도 해결이 가능함

'천 냥'은 엄청난 액수의 돈이다. 엄청나게 큰 빚일지라도 진심을 담아 부드럽게 말하면 빚을 탕감받을 수 있다는 뜻으로, 말이 문제 해결에 중요한 역할을 한다는 이야기다.

말 한마디에 천 냥 빚 갚을 수도 있고
말 한마디에 낭떠러지로 떨어질 수도 있다.
말 한마디에.

말똥에 굴러도 이승이 좋다

아무리 무시당하고 고생스러울지라도 죽는 것보다 사는 것이 나음

'말똥에 구른다'는 말똥이 쌓여 있는 지저분한 곳에서 고통스럽게 생활한다는 의미고 '이승'은 지금 살고 있는 세상이다. 말똥 위에서 뒹굴어야 할 만큼 힘들게 살아갈지라도 죽는 것보다는 훨씬 낫다는 이야기다.

행복은
승리에서만 오는 게 아니라
패배 후에도, 가난 후에도, 배신당한 후에도 온다.
행복은
편안함 뒤에서만 숨어 있는 게 아니라
시련, 고통, 눈물, 한숨 뒤에도 단단하게 숨어 있다.

말은 할 탓이다

내용은 같아도 표현 방법에 따라 각각 다르게 전달됨

말은 내용도 중요하지만 언제, 어디에서, 어떤 표정으로 하느냐도 중요하고 억양, 어조, 강약, 표정, 손짓, 몸짓도 중요하다는 뜻이다. 말하기에 표현 방법이 중요하다는 이야기다.

같은 노래라도
부르는 사람에 따라 다르게 느껴지고
같은 내용의 이야기라도
고개 끄덕이게 만드는 이야기 있고
고개 흔들게 만드는 이야기 있다.

말이 고마우면 비지 사러 갔다가 두부 사 온다

말을 정겹게 하면 좋은 일이 생김

두부는 콩을 삶아 만드는데 단백질은 '두부'가 되고 찌꺼기는 '비지'가 된다. 두부를 팔면 이익이 많지만 비지는 팔더라도 이익이 거의 없다. 비지를 사러 갔는데 주인이 말을 곱게 한 까닭에 두부를 사게 되어 주인에게 이익을 주었다는 뜻으로, 말이 따뜻하고 친절하면 기대 이상의 결과를 얻을 수 있다는 이야기다. '말 한마디에 천 냥 빚도 갚는다'도 같은 의미다.

장사는 목(위치)이라고?
틀린 말 아니지만 전부는 아니다.
말 잘하는 사람 따로 있듯 장사 잘하는 사람도 따로 있다.
장사는 말로 한다.

말이 많으면 쓸 말이 적다

말은 가능한 한 적게 하는 것이 좋음

말을 많이 하다 보면 잘못된 말도 하게 되고 마음에 없는 말도 하게 되며 쓸모없는 말도 하게 된다. 말을 많이 하다 보면 상대방에게 오해를 불러일으킬 수 있는 말도 할 수 있기 때문에 말은 가능한 한 적게 하는 것이 좋다는 이야기다.

잡티 하나가 전체를 망치듯
쓸데없는 말 한마디가 모든 것을 구겨지게 만든다.
말 길어지면 쓸데없는 말 하게 되고
쓸데없는 말 한마디는 전체 이야기를 망치게 만든다.
군더더기 없어야 하는 것이
어찌 말뿐이겠는가?

말이 씨가 된다

말한 대로 되는 경우가 있으니 말을 함부로 해서는 안 됨

말하지 않았다면 생각조차 못했을 텐데 말을 함으로써 생각하게
되고 행동까지 하게 되는 경우가 많다. 말이 사건의 씨앗이 된다
는 뜻으로, 말을 함부로 하는 것은 스스로 재앙을 만드는 어리석
은 일이 된다는 이야기다.

말에 책임지려는 마음
나만의 마음 아니고
말 따라 행동하고 싶은 마음
너만의 마음 아니다.
"그립다 말을 하니 마냥 그리워"는
김소월만의 마음 절대 아니다.

망건 쓰고 세수한다

앞뒤 순서가 뒤바뀜

'망건'은 상투를 틀 때 머리카락이 흘러 내려오지 않도록 머리에 두른 물건이다. 넥타이를 매기 전에 세수해야 하는 것처럼 망건 쓰기 전에 세수하는 것이 올바른 순서임에도 망건을 쓴 다음에 세수한다는 뜻으로, 일의 순서가 뒤바뀌었을 때 쓰는 표현이다.

순서 바꿔도 괜찮은 일 있고
순서 바꾸면 완전히 망쳐버리는 일 있다.

망건 쓰자 파장

너무 오래 준비하다가 때를 놓쳐 목적을 이루지 못함

'파장(罷場)'은 '끝낼 파(罷)', '시장 장(場)'으로 시장이 장사를 끝냈다는 의미다. 옛날 성인 남성들은 외출할 때에 갓을 썼는데 갓을 쓰기 전에 먼저 망건을 썼다. 시장에 가기 위해 의복을 갖춰 입은 후 망건 쓰기를 마친 시간이 시장 문 닫을 시간이라는 뜻으로, 준비를 오래하느라 정작 해야 할 일은 하지 못하는 어리석음을 표현한 말이다.

그 여자에게 잘 보이기 위해 오랫동안 준비했는데
준비 끝난 날 그 여자는 어떤 남자와 결혼식 올리고 있었다.
시험 준비 열심히 했는데
시험장에 늦게 도착하여 시험장에 입실조차 하지 못했다.

망둥이가 뛰니까 꼴뚜기도 뛴다

남이 하니까 생각 없이 따라서 함

망둥이는 뛰기를 좋아하는 물고기다. 뛸 능력도 없는 꼴뚜기가 망둥이가 뛰는 것을 보고 생각 없이 똑같이 뛰려 한다는 이야기다. 자신의 능력이나 분수는 생각하지 않고 잘난 사람만 무작정 따라 하는 행동을 비꼬는 표현이다.

뛰도록 하라.
뛰고 싶은 만큼 마음껏 뛰어보도록 하라.
망둥이 뛰는 만큼 못 뛰는 게 무슨 문제리
최선 다해 뛰는 그 자체가 아름다움인데.

망신하려면 아버지 이름자도 안 나온다

살다 보면 예상치 못한 실수로 망신당하는 경우가 있음

사람들 앞에서 긴장하게 되면 아버지 이름조차 생각나지 않는 상황이 발생할 수 있다는 뜻이다. 사람은 누구나 예기치 않는 실수를 하여 망신당할 수 있으니 한두 번 실수했다는 이유로 속상해할 필요 없다는 이야기다.

슬퍼하지 않아도 된다.
나무에서 떨어지는 게 원숭이다.
아버지 이름 자 안 나오는 아픔보다
당황하는 표정이 더 큰 아픔이다.

망할 놈 나면 흥할 놈 난다

한 사람이 망하면 그 대신 한 사람이 흥하게 됨

누군가 망하면 그것 때문에 누군가는 흥하게 된다는 뜻으로, 어떤 한 사람이 이익 보면 어떤 한 사람은 손해 보는 것이 세상 이치라는 말이다. 내가 합격하면 누군가는 떨어지게 되고 내가 얻으면 누군가는 잃게 되는 세상 이치를 설명한 말이다. 승자의 득점과 패자의 실점 합계가 영(零)이 된다는 제로섬게임(zero-sum game)과 같은 의미다.

신이시여!
꼭 이기게 도와주시옵소서.
(= 신이시여!
상대편은 꼭 패배의 눈물 흘리도록 도와주셔야 합니다.)

머슴살이 삼 년에 주인 성 묻는다

가까이 지내면서도 관심 부족으로 반드시 알아야 할 내용조차 알지 못함

'머슴'은 농가에 고용되어 농사일뿐 아니라 주인집 가사노동까지 담당했던 노동자다. 3년 동안이나 같은 집에 살며 주인의 일 도와 왔으면서도 주인의 성씨조차 몰랐다는 뜻으로, 주위에서 벌어지는 일에 무관심하다는 이야기다. '한집에 있어도 시어머니 성 모른다'도 같은 의미다.

오랜 시간 사귄 친구로부터
"네 고향이 순창이야?"
라는 이야기 듣는 순간
친구 목록에서 이름 지워버렸다.

먼 사촌보다 가까운 이웃이 낫다

먼 친척보다 가까이 사는 이웃이 자신에게 이익이 됨

'사촌'은 매우 가까운 친척으로 도움을 주고받을 수 있는 관계이지만 멀리 떨어져 생활하게 되면 서로 도움이 되지 못한다. 이웃은 비록 남이지만 자주 만날 수 있기에 서로 도움을 주고받을 수 있다. 자주 만날 수 없는 친척보다 자주 만날 수 있는 이웃이 자신의 삶에 보다 유익하다는 이야기다.

오징어 싱싱해서 많이 사 왔다 말하면서
미소 지으며 건네준다. 옆집 아주머니께서.
가스 불 켜놓고 외출했던 어느 날
가스 불 꺼달라며 전화했다. 옆집 중학생에게.

며느리가 미우면 손자까지 밉다

어떤 사람이 미우면 그에 딸린 사람까지도 밉게 보임

손자는 자식만큼이나 예쁘고 사랑스러운 존재이지만 며느리가 미우면 손자까지 밉게 된다는 뜻이다. 대상 자체 때문이 아니라 대상과 연결된 것 때문에 감정이 결정되는 경우가 있다는 이야기다. '중이 미우면 가사(袈裟)도 밉다'도 비슷한 의미다.

같지 않은데 같다고 생각한다.
분리해야 하는데 분리하지 못한다.
못난 사람의 특징이다.
대부분은 못난 사람들이다.

모기 보고 칼 빼기

대수롭지 않은 일에 너무 야단스럽게 덤빔

작은 모기 한 마리 잡겠다면서 커다란 칼 빼든다는 뜻으로, 아주 작은 일의 해결을 위해 지나치게 큰 힘을 사용하는 어리석음을 비꼬는 표현이다.

콧물 난다며 구급차 타고 응급실 간다.
아들이 친구와 싸우다 코피 났다며 경찰에 전화한다.
비웃는 사람들의 모습
보지 못한다.

모기도 모이면 천둥소리 난다

힘없고 미약한 것일지라도 모이면 큰 것이 됨

모기 한 마리의 소리는 작고 미미하지만 여럿이 모이면 천둥소리가 된다는 뜻으로, 힘없고 미약한 것일지라도 모이면 큰 힘이 된다는 말이다. 작다는 이유로 무시해서는 안 된다는 이야기고 협력이 중요하다는 이야기다.

싸리나무 한 개는 누구라도 꺾을 수 있지만
싸리나무 열 개 묶음은 누구도 꺾을 수 없다.
1+1+1+1+1은 5가 아니라
엄청남이다.

모난 돌이 정 맞는다

성격이 원만하지 못하거나 홀로 두각을 나타내면 미움을 받기 쉬움

'모나다'는 물건의 쑥 나온 귀퉁이고 '정'은 돌에 구멍 뚫을 때나 돌을 쪼거나 다듬을 때 사용하는 쇠로 만든 연장이다. 자연석을 둥글고 매끄럽게 만드는 과정에서 모난 부분은 정에 맞아 사라지곤 한다. 튀어나온 돌은 정을 맞을 수밖에 없다는 뜻으로, 뛰어난 능력을 가진 사람이나 특별한 생각을 가진 사람은 사람들로부터 미움 받기 쉽다는 이야기다.

모난 돌은
어느 집단에나 존재하는 그 무엇이고
어느 집단에나 존재해야 하는 그 무엇이다.
모난 돌 치는 과정에서
생각 바뀌게 되고 생각 섞이게 된다.

모래 위에 쌓은 성

기초가 튼튼하지 못하여 오래 견디지 못함

모래더미는 작은 힘에 의해서도 쉽게 형태가 변하기 때문에 모래
위에 성(城)을 쌓으면 쉽게 무너질 수밖에 없다. 기초가 튼튼하지
못하고 어설프면 오래 견디지 못하고 쉽게 무너져버린다는 이야
기다.

시간 없다고 투덜거리면서
모래 위에 성 쌓아놓고는
하늘을 원망하고 세상을 나무란다.

모로 가도 서울만 가면 된다

수단 방법이야 어찌되었든 목적만 달성하면 됨

'모로 가다'는 가장자리로 간다는 의미고 '서울'은 경제, 문화, 정치, 예술 등 모든 면에서 가장 중심이 되는 곳이다. 직진하지 않고 모로 가면 시간 많이 걸리고 힘도 많이 들지만 서울에 도착하기만 하면 문제될 것이 없다는 뜻으로, 수단이나 방법이 중요한 게 아니라 결과가 중요하다는 이야기다.

꽃도 보고 물소리도 듣는다.
새로운 풍경 만나고 새로운 생각 만난다.
모로 갔기 때문에 얻은 수확이다.

모르면 약이요 아는 게 병이다

모르면 걱정하지 않아도 되기 때문에 평화롭지만
알면 걱정거리가 많아져서 괴롭게 됨

문제점을 알면 해결책 찾느라 고민하고 고생도 해야 하지만 문제점을 모르면 걱정할 일도 없고 해결을 위해 땀 흘리지 않아도 되기 때문에 마음도 몸도 편안하다는 말이다. 아는 것이 좋은 것만은 아니라는 뜻이고 모든 것을 알려고 허둥거릴 이유도 없다는 이야기다.

아담과 하와가 에덴동산에서 행복했던 이유는
부끄러움 몰랐기 때문이었고
어린아이들이 늘 싱글벙글하는 이유는
더러운 세상일 모르기 때문이다.

모진 놈 옆에 있다가 벼락 맞는다

나쁜 사람과 함께 어울리면 재앙을 당하기 쉬움

'모질다'는 마음씨가 몹시 매섭고 독하다는 의미고 '벼락 맞다'는 못된 짓을 하여 천벌을 받는다는 의미다. 나쁜 사람 옆에 있게 되면 나쁜 놈으로 오해받아 함께 벼락을 맞는다는 뜻으로, 나쁜 사람과 어울리지 않는 것이 지혜로움이라는 이야기다.

좋은 친구 사귀지 못할 바엔 차라리
친구 사귀지 않는 게
벼락 맞지 않는 비결.

목구멍이 포도청

먹고 살기 위해서는 차마 해서는 안 될 일까지 하지 않을 수 없음

'포도청'은 '잡을 포(捕)', '도둑 도(盜)', '관청 청(廳)'으로 도둑을 잡는 관청이었다. 목구멍으로 음식을 넘길(먹을) 수만 있다면 포도청 가는 일도 감수(甘受)하겠다는 뜻으로, 굶주림 면할 수만 있다면 어떤 일이든 할 수 있다는 이야기다.

여자는 약하지만
어머니는 강하다고 했다.
목구멍이 포도청이기도 하지만
자식 사랑도 포도청이다.

목마른 놈이 우물 판다

급하고 아쉬운 사람이 일을 서둘러 하게 됨

목마른 사람에게 필요한 것은 물이고 물을 얻고 싶으면 우물을 파야 한다. 목마르지 않는 사람은 우물 팔 이유가 없지만 목마른 사람은 물이 필요하기에 우물을 파게 된다는 뜻이다. 급하고 아쉬운 사람이 발 벗고 나서게 된다는 이야기다.

우물 파지 않는 사람
욕하기 전에
아직 목마르지 않기 때문이라고
생각하라.

못 먹는 감 찔러나 본다

자기 것으로 만들지 못할 것이라 판단되면
남도 가지지 못하도록 훼방을 놓음

'못 먹는 감'은 내가 먹을 수 없는 감이다. 내가 먹을 수 없는 감이라면 남도 먹지 못하도록 칼로 찔러버린다는 뜻으로, 자신에게 이익 되지 못할 것 같으면 훼방놓고 말겠다는 고약한 심리를 표현한 말이다.

못 먹는 감이라면서 찔러버리는 사람 있고
다른 사람이라도 먹을 수 있도록 잘 자라달라 기도하는 사람 있다.
오늘은 성선설이 옳음을 확인하고
내일은 성악설이 옳음을 확인한다.
누가 정답을 이야기하는가?

못된 송아지 엉덩이에 뿔 난다

못된 사람이 건방지게 행동하고 나쁜 짓만 하고 다님

송아지는 제멋대로 뛰어다니는 못된 성질 때문에 사람들에게 환영받지 못한다. 그런 송아지인데 엉덩이에 뿔까지 생긴다면 그 뿔로 온갖 못된 짓을 하고 다닐 것은 너무 뻔하다. 그러잖아도 말썽꾸러기 송아지인데 엉덩이에 난 뿔까지 이용해 못된 짓을 한다는 뜻으로, 못된 사람이 자신의 행동을 뉘우치기는커녕 새로운 방법까지 동원해 나쁜 짓만 하고 다닌다는 이야기다.

못된 송아지 엉덩이에 뿔난 것은
소 되기 위한 필수 과정인 경우가 많다.
엉덩이 뿔 제거 약은
관심과 용서와 믿음과 기다림이다.

무는 개는 짖지 않는다

남에게 큰 피해를 주는 사람은 기색을 보이지 않고 음모를 숨김

짖거나 이빨 드러내면서 위협만 하는 개도 있지만 짖지도 않고 이빨 드러내지 않고 위협도 하지 않다가 갑자기 물어버리는 개도 있다. 진짜 사나운 개는 짖지 않고 조용히 있다가 갑자기 물어버린다는 뜻이다. 남을 크게 해치는 사람은 평소에 의도를 얼굴에 드러내지 않는다는 이야기다.

가장 경계해야 하는 사람은
침묵하고 있는 사람.
침묵한다는 것은
이빨 숨기고 있다는 이야기.

무른 감도 쉬어가면서 먹어라

쉬운 일이나 간단한 일일지라도 조심해서 해야 함

'무른 감'은 물렁물렁한 홍시감이다. 홍시감은 씹지 않고도 먹을 수 있기 때문에 먹을 때 굳이 조심해서 천천히 먹어야 할 이유가 없다. 씹을 필요가 없는 무른 감일지라도 쉬어가면서 천천히 먹는 것이 좋다는 뜻으로, 아무리 쉬운 일일지라도 항상 조심해야 한다는 이야기다. '식은 죽도 불어가며 먹어라', '돌다리도 두드려보고 건너라'도 같은 의미다.

차량 많이 다니는 도로에서보다
차량 적게 다니는 도로에서
교통사고 발생 빈도 더 높다고 한다.

무소식이 희소식

소식 없음은 도움 받을 필요 없이 잘 살고 있기 때문임

좋지 않는 일이 있으면 도와달라는 소식이 있을 터인데 소식이 없는 것을 보니 잘 지내고 있는 것이 분명하다는 뜻이다. 소식 없는 이유는 잘 지내고 있기 때문이라는 이야기다.

무소식이 희소식일 수도 있지만
무소식은 관계를 멀어지게 만들기도 한다.

무쇠도 갈면 바늘 된다

꾸준히 노력하면 어떤 어려운 일일지라도 이루어낼 수 있음

무쇠일지라도 계속해서 갈고 또 갈면 언젠가 반드시 바늘이 된다는 뜻이다. 포기하지 않고 꾸준히 노력해나가면 어떤 어려운 일일지라도 반드시 이루어낼 수 있다는 이야기다.

머릿속으로는 안 되던 일도
현실에서는 가능할 수 있다.
내 힘만으로 가능하기도 하지만
누군가가 도와주어서 가능한 경우가 더 많다.

무자식 상팔자

자식 없음이 오히려 행복의 조건이 됨

'팔자'는 사람의 타고난 운수고 '상팔자'는 아주 좋은 팔자다. 부모 귀찮게 하는 자식 많고 자식 때문에 괴로워하는 부모도 많다는 말이다. 자식 때문에 괴로워하는 부모 입장에서는 자식 없음이 편안함일 수 있다는 뜻으로, 자식 때문에 고통 받는 사람의 넋두리이기도 하고 자식 없는 사람을 위로하는 말이기도 하다.

누군가에겐 무자식이 상팔자고
누군가에겐 자식 있음이 상팔자다.
무자식 상팔자도 날마다는 아니고
유자식 상팔자도 날마다는 아니다.

물 밖에 난 고기

의지할 곳을 잃어 꼼짝할 수 없음
능력을 발휘할 수 없고 매우 위태로움

물고기는 물이 있어야 생명을 이어갈 수 있는데 물 밖으로 나와 있기 때문에 위태롭다는 뜻이다. 의지할 곳 잃고 힘쓸 수 없는 처지라는 말이고 생명이 위태로운 상황에 처해 있다는 이야기다.

물 밖에 난 고기 되어보아야
알 수 있고
자랄 수 있다.
이겨낼 수 있고
감사할 수 있다.

물 본 기러기 꽃 본 나비

바라던 바를 이루어 기분 좋고 득의양양함

사랑하는 사람을 만나는 기쁨

기러기는 물을 좋아하고 나비는 꽃을 좋아한다. 기러기는 물을 만나니 기쁘고 나비는 꽃을 보니 즐겁다는 뜻으로, 바라던 것을 이루어낸 기쁨이나 보고 싶은 임을 만나는 즐거움에 대한 표현이다.

물 본 기러기도

꽃 본 나비도

자기가 만든 결과물이지

남이 만들어준 결과물은 아니다.

물 위의 기름

서로 어울리지 못하여 겉도는 사이

물과 기름은 절대 섞이지 않는 성질을 지니고 있다. 물과 기름처럼 서로 섞이지 못하여 제각각 생활한다는 뜻으로, 서로 어울리거나 화합하지 못하는 사이를 일컫는 표현이다.

서로 데면데면함은 불편함인데
불편함보다 더 큰 고달픈 삶은 없는데
저주는 것이 불편함보다 훨씬 나은데.

물에 물 탄 듯 술에 술 탄 듯

효과나 변화가 조금도 없음
말이나 행동이 분명하지 않고 우유부단함

물에 물을 타면 그냥 물이고 술에 술을 타면 역시 그냥 술이다. 아무런 변화도 가져오지 못하는 일이라는 뜻으로, 하나 마나 한 일이나 확실하지 못한 태도를 비꼬는 표현이다.

신호등 만났을 때 가장 위험한 경우는
물에 물 탄 듯 술에 술 탄 듯하는 것이고
자리에서 물러나야 마땅한 지도자는
물에 물 탄 듯 술에 술 탄 듯하는 사람이다.

물에 빠져도 정신만 차리면 산다

아무리 어려운 상황일지라도 정신을 차리고 용기를 가지면 살 수 있음

물에 빠진 위험한 상황에서도 정신을 바짝 차리면 살 수 있다는 뜻이다. 어떤 위급한 상황에 처할지라도 마음을 다잡고 강한 정신력을 가지기만 하면 좋은 해결책을 찾을 수 있고 좋은 결과물을 만들어낼 수 있다는 이야기다. '범에게 물려가도 정신만 차리면 산다'도 같은 의미다.

정신 차리는 것만으로는 절대 부족하다.
헤엄칠 수 있는 능력 먼저 키워놓아야 한다.
정신력과 함께 실력과 자신감 반드시 길러놓아야 한다.

물에 빠진 놈 건져놓으니 봇짐 내놓으라 한다

위기에서 벗어나자마자 도와준 사람의 고마움을 잊고
도리어 생트집을 잡음

'봇짐'은 물건을 보자기에 싸서 꾸린 뭉치인데 보따리라고도 한다.
강물에 빠져 허우적대고 있는 사람 구해주었더니 감사 인사 건네
기는커녕 자신의 봇짐 내놓으라 큰소리치더라는 이야기다. 은혜
를 입고도 고마워하기는커녕 오히려 생트집을 잡으며 원망하고
공격하는 경우를 일컫는 표현이다.

그럴 수 있다.

물에서 막 건져진 당황스러운 상태

생각 깊게 하지 못한 상태에서는 누구라도 그럴 수 있다.

목숨 중요하지만 봇짐도 중요할 수 있다는 생각을 할 수 있어야 하고

인간 욕심 끝이 없다는 사실에도 고개 끄덕일 수 있어야 한다.

미소 지으며 기다려라.

고맙다 말할 것이고 부끄러운 표정으로 손 내밀 것이니.

물은 건너보아야 알고
사람은 지내보아야 안다

직접 겪어보아야 참모습을 알 수 있음

직접 물을 건너보아야 강물의 깊이나 흐르는 속도를 알 수 있는 것처럼 사람의 마음을 알려면 그 사람과 함께 생활하면서 부대껴보아야 한다는 뜻이다. 짧은 시간에 겉만 대충 보아서는 올바른 판단 불가능하고 오랫동안 함께 생활하면서 직접 부대껴보아야만 올바른 판단이 가능하다는 이야기다.

좋은 아내 만난 것 감사해야 한다는 말에
살아보고 이야기하라며 툭 쏘아붙인다.
보는 것 가면인 경우 많고
아는 것 가짜인 경우 많단다.

물은 깊을수록 소리가 없다

덕망이 높은 사람일수록 겸손함

작은 개천 흐르는 물은 소리를 내지만 큰 강 흘러가는 물은 소리를
내지 않는다는 뜻으로, 덕망이 높고 생각이 깊은 사람은 큰소리치
지 않고 떠벌리지도 않으며 잘난 체하지도 않는다는 이야기다.

잘난 체 떠드는 사람 뒤에서 이런 소리 들려온다.
"저 잘났다고 떠드는데 우리 말 듣겠어?"
말 많은 사람 떠난 뒤 사람들은 이렇게 말한다.
"저 잘났다고 저렇게 떠드는데 우리 말 듣겠어?"
나만 옳은 게 아니라 너도 옳을 수 있다는 사실
너만 틀린 게 아니라 나도 틀릴 수 있다는 사실에
내일에는 나도 고개 끄덕일 수 있을지?

물은 트는 대로 흐른다

사람은 가르치는 대로 되고 일은 주선하는 대로 됨

마당에 있는 물은 누군가가 터주는 물길을 따라서 흐르게 된다는 뜻이다. 사람은 누군가가 이끌어주고 가르쳐주는 대로 따라하게 되고 일은 누군가가 앞장서서 하는 대로 진행된다는 이야기다. 교육의 중요성과 지도자의 중요성을 강조한 말이다.

분위기에 휩쓸리는 것이 일반적인 모습이고
앞에 가는 사람 따라나서는 것이 보통사람의 심리다.
분위기가 중요하고
앞서가는 사람이 중요한 이유다.

물이 깊어야 고기가 모인다

아량 있어야 따르는 사람이 많음

물이 깊지 않으면 먹이도 없고 불편하기도 하여 물고기들이 떠나간다. 물이 깊어야 고기가 모이게 된다는 뜻으로, 덕망 있으면 사람들이 모여들지만 덕망 없으면 사람들 떠나간다는 이야기다.

사람들 북적이는 곳에만
사람들 모여든다.
시험이 끝나면
공부 잘하는 아이에게로 아이들 몰려든다.
실력 있고 아량 있고 따뜻한 사람에게
남녀노소 몰려든다.

물이 너무 맑으면 고기가 안 모인다

사람이 지나치게 결백하면 사람들이 모여들지 않고 따르지도 않음

물이 맑다는 것은 먹을 것이 없다는 뜻이다. 먹을 것 없는 곳을 물고기가 좋아하지 않는 것처럼 사람 역시 너무 깨끗하거나 원리원칙만 고집하면 사람들이 좋아하지 않는다는 말이다. 지나치게 청렴결백하면 사람들이 따르지 않는다는 이야기다.

깨끗해서 안 오는 건 부끄러운 일 아니잖아.
맑고 깨끗한 것 엄청 자랑스럽잖아.
걱정하지 않아도 된다.
물이 맑으면 깨끗한 고기 천천히 다가와줄 것이니.

물이 와야 배가 오지

조건이 갖추어져야 목적을 이룰 수 있음

배가 움직이려면 먼저 물이 들어와야 한다는 뜻으로, 목적한 바를
이루고 싶다면 갖추어야 할 조건을 먼저 갖추어놓아야 한다는 이
야기다.

먼저 나를 채워놓아야 한다.
오지 않는다면서 서운하다고 이야기하기 전에.

미꾸라지 한 마리 온 웅덩이를 흐린다

못된 사람 한 명이 여러 사람에게 피해를 줌

'웅덩이'는 가운데가 움푹 패어 물이 괴어 있는 곳이다. 미꾸라지는 바닥에서 몸을 좌우로 흔들면서 헤엄치기 때문에 미꾸라지가 지나간 곳은 진흙이 뿌옇게 일어나 맑고 깨끗한 물이 온통 흐려진다. 물고기는 몇 백 마리가 헤엄쳐도 물이 흐려지지 않지만 미꾸라지는 한 마리만 지나가더라도 웅덩이 전체가 흐려진다는 뜻으로, 못된 한 사람이 집단 전체에 피해주는 경우를 일컫는 표현이다.

미꾸라지 없는 웅덩이는 없다.
한 마리인 것에 감사해야 하고
잠시 후 가라앉아 맑게 될 것임에 감사해야 한다.

미련한 송아지 백정을 모른다

경험하지 못하여 세상을 알지 못하는 어리석음

'백정'은 소나 돼지를 잡아 죽이는 사람이기에 소나 돼지 등이 두려워하는 존재다. 송아지는 태어난 지 얼마 되지 않았기 때문에 백정이 자신을 죽인다는 사실을 알지 못한다는 뜻으로, 경험 부족으로 세상의 이치를 알지 못하는 어리석음을 일컫는 표현이다.

송아지만 모르는 게 아니라
모든 '아지'가 다 모른다.
모르기 때문에 소 아닌 송아지고
말 아닌 망아지이며 개 아닌 강아지다.
모르기 때문에 어른 아니라 아이다.

미운 아이 떡 하나 더 준다

미운 사람에게 잘해주어야 후환이 없음

미울수록 더 사랑해야 함

미운 사람에게 떡 하나 더 주는 이유는 관계가 더 나빠질까 두렵기 때문이다. 미울수록 더 정답게 대해주어야 관계가 더 나빠지지 않게 된다는 말이고 미울수록 더 잘해주어야 후환을 없앨 수 있다는 이야기다. '미운 사람에게는 쫓아가 인사한다', '미운 아이 먼저 품어라', '미운 쥐도 품에 품는다'도 비슷한 의미다.

미움 받는 사람만 괴로운 것 아니라

미워하는 사람도 괴롭다.

미운 아이 떡 하나 더 주는 일은

나를 사랑하는 또 하나의 방법이다.

믿는 도끼에 발등 찍힌다

믿었던 사람에게 배신당함
꼭 이루어질 거라 믿었던 일을 그르침

'도끼'는 나무를 찍어 넘어뜨리거나 나무를 쪼개 장작을 만들 때 쓰는 연장이다. 도끼를 휘두르다 실수로 자기 발등 찍는 경우 있고 손잡이가 빠져서 발등 찍는 경우도 있다. 나를 위해 일해줄 것이라 믿었던 도끼가 오히려 나에게 상처를 입힌다는 뜻으로, 잘되리라 믿었던 일이 잘못되었을 때나 믿고 있던 사람에게 배반당했을 때 쓰는 표현이다. 믿었던 사람에게 배신당할 수 있으니 조심하고 경계해야 한다는 이야기다.

도끼의 잘못 때문일 수도 있지만
나의 실수 때문인 경우가 훨씬 많다.

밑 빠진 항아리에 물 붓기

아무리 애를 써도 성과가 나지 않는 헛수고

'밑이 빠졌다'는 밑이 막혀 있지 않거나 구멍이 있다는 의미다. 밑 빠진 독에는 아무리 많은 물을 부을지라도 물이 채워지지 않는다는 뜻으로, 노력을 많이 해도 성과가 나오지 않고 보람도 찾을 수 없는 헛된 일을 일컫는 표현이다.

듣기만 했기 때문이고
배우기만 했기 때문이며
흉내 내기만 했기 때문이다.
'생각하지 않음'이 가장 결정적 원인이다.
실력 향상 안 되는 이유.

바늘 가는 데 실 간다

아주 긴밀한 관계

바느질에 필요한 것은 바늘과 실이다. 바느질은 바늘만으로 불가능하고 실만으로도 불가능하다. 바늘 가는 데에는 반드시 실이 뒤따르게 되어 있다는 뜻으로, 서로 떨어질 수 없어서 항상 붙어다녀야만 하는 관계를 일컫는다.

함께 가야 할 사람이 있다.
실과 바늘 운명으로 받아들이듯
운명으로 받아들이고 함께 가야 할 사람이 있다.
자식과 부모다. 아내와 남편이다.

바늘구멍으로 하늘 보기

세상일을 넓게 보지 못하여 지식이나 생각이 매우 편협함

'바늘구멍'은 작고 하늘은 넓다. 조그만 바늘구멍으로 하늘을 보면 하늘의 극히 일부분만 볼 수 있을 뿐이라는 뜻으로, 부분만 볼 수 있을 뿐 전체를 포괄적으로 보지 못하는 좁은 소견이나 관찰력을 일컫는다.

못난 사람은
자신이 바늘구멍으로 보고 있다는 사실을
인정하지 않으려 한다.

바늘도둑이 소도둑 된다

사소한 잘못을 바로잡지 못하면 나중에 큰 잘못을 저지르게 됨

작은 물건이라는 이유로 바늘 훔치는 것은 도둑질 아니라고 생각하는 사람 있다. 바늘 훔치는 것으로 도둑질이 습관 되면 나중에 소까지 훔치게 된다는 뜻으로, 작다는 이유로 소홀히 하면 그것이 나중에 큰일이 된다는 말이다. 작은 잘못이라도 하찮게 여기지 말라는 이야기다.

'아! 이 방법도 있었구나'가

'이 정도는 괜찮겠지'로 변하고

'이거 재미있는데'로 변하며

'어라! 이거 괜찮은데'로까지 변하게 된다.

나도 내가 무섭다.

바쁘게 찧는 방아에도 손 놀 틈이 있다

아무리 바쁠지라도 여유를 가질 수 있음

방아는 쉬지 않고 바쁘게 돌아가기에 조금도 쉴 여유가 없을 것 같지만 그 상황에서도 마음만 먹으면 여유를 가질 수 있다는 뜻이다. 아무리 바쁠지라도 한 걸음 쉬었다 가겠다는 마음의 여유를 가질 수 있어야 한다는 이야기다.

어떤 사람에게는 하루가 24시간이고
어떤 사람에게는 하루가 18시간이며
어떤 사람에게는 하루가 30시간이다.
자신이 만들 수 있는 시간 하루 6시간 이상이다.

반 잔 술에 눈물 나고 한 잔 술에 웃음 난다

흡족하게 주지 않으면 주고도 오히려 인심을 잃게 됨

반 잔 술은 사람을 서운하게 만들고 한 잔 술은 사람을 기분 좋게 만든다는 뜻으로, 모자라게 주는 것은 오히려 주지 않음만 못하다는 말이다. 인간은 작은 것 때문에 서운해할 수도 있다는 이야기다.

주지 않았다면 중간은 갈 수 있었는데
어설피 줘버려서
마이너스 점수 받고 말았다.
준다고 해서 반드시 점수 받는 것 아니다.
주고도 욕먹는 경우
딴 나라 이야기 절대 아니다.

ㅂ

발 없는 말이 천 리 간다

말은 입에서 입으로 쉽게 옮아가기 때문에 함부로 해서는 안 됨

'천 리'는 400km이지만 '먼 거리'라는 의미로 많이 쓰인다. 말은 발도 없고 날개도 없지만 빠른 속도로 퍼져나가기 때문에 신중히 생각한 다음에 해야 한다는 이야기다.

나지막하게 중얼거린 말도 도청될 수 있고
끼적거린 메모지도 사진 찍힐 수 있다.
내일은 스쳐지나가는 생각까지 도둑질당할 것 같다.

밤 잔 원수 없고 날 샌 은혜 없다

미운 감정도 감사하는 마음도 시간이 지나면 차차 사라지게 됨

잠을 자고 일어나면 전날 원수같이 생각되었던 감정이 풀리게 되고 하루가 지나면 전날 고마웠던 감정도 식는다는 뜻이다. 인간의 감정이나 생각들은 시간이 지나면서 변하기도 하고 사라지기도 한다는 이야기다.

시간이 구세주였다.
자고 나니 미움의 감정 51% 사라지고 말았다.
시간이 나쁜 놈 만들고 말았다.
아침 밝아오자 감사의 마음 도망치고 있었다.

밤말은 쥐가 듣고 낮말은 새가 듣는다

비밀스럽게 한 말도 언젠가는 알려지게 마련이니
언제 어디서든 말조심해야 함

밤에 한 말은 쥐가 들을 수 있고 낮에 한 말은 새가 들을 수 있다는 뜻으로, 어떤 상황에서든 항상 말조심해야 한다는 이야기다.

밤에 몰래 쓴 일기
먼지가 보고
낮에 나만의 기호로 쓴 비망록
티끌이 본다.

밤새 울고 누가 죽었느냐고 한다

실컷 일하고도 그 까닭을 알지 못함

초상집에 가서 밤새 울고 난 다음에 죽은 사람이 누구냐고 묻는다는 말이다. 누가 죽었는지도 모르고 남들이 우니까 따라서 울었다는 뜻으로, 목적도 모르고 이유도 모른 채 열심히 일만 하는 사람을 비꼬는 표현이다.

이유도 모른 채 행동하는 사람

남이 한다는 이유로 무작정 따라 하는 사람

생각 없이 움직이는 사람.

너, 나. 우리

밥 빌어다가 죽 쑤어 먹을 놈

게으르고 분별력 없으며 어리석은 사람

옛사람들은 '밥'은 값진 것이고 '죽'은 하찮은 것으로 생각했다. 값진 '밥'을 남에게 빌어다가 하찮은 '죽'으로 만들어 먹는다는 뜻으로, 게으를 뿐 아니라 지혜까지 없는 어리석은 사람을 비난할 때 쓰는 표현이다.

밥 빌어먹다니
게으르기 짝이 없는 놈 같으니라고
밥으로 죽 만들어 먹다니
어리석기 그지없는 놈 같으니라고

방귀 뀐 놈이 성낸다

자기가 잘못하고서도 오히려 성을 냄

방귀 뀌는 것은 주변 사람에게 피해주는 일이기에 미안해하는 것이 상식임에도 오히려 성을 낸다는 뜻이다. 잘못을 저지르고서 오히려 성질내는 경우를 일컫는 말이다.

모를 수 있기 때문일 수 있고
감추고 싶기 때문일 수도 있다.
겸연쩍기 때문일 수 있고
부끄럽기 때문일 수도 있으며
미안하기 때문일 수도 있다.

ㅂ

방귀가 잦으면 똥 나온다

징조가 여러 번 나타나면 마침내 큰일이 생기기 마련임

'방귀'는 음식물이 배 속에서 발효되는 과정에서 생긴 구린내 나는 기체인데 방귀가 여러 번 계속되면 똥이 나오기 쉽다. 방귀가 여러 번 나오면 뒤이어 똥이 나온다는 뜻으로, 좋지 않은 일이 몇 차례 반복되다 보면 결국 궂은일이 생기게 된다는 이야기다. '번개가 잦으면 천둥을 한다'도 같은 의미다.

방귀 세 번 나왔을 때
의심해보았어야 했는데
방귀 열 번 나왔음에도
방귀 나온 것만 부끄럽게 생각했었다.

배 먹고 이 닦기

한 가지 일을 하여 두 가지 이익을 얻음
어떤 일을 하면서 예상치 못한 이익을 얻게 됨

음식을 먹은 후 배를 먹으면 입안이 깨끗해진다. 배를 먹게 되면 먹는 즐거움과 함께 양치하는 이익까지 얻게 된다는 뜻으로, 한 가지 일을 함으로 두 가지 이익을 얻게 됨을 일컫는 표현이다.

살다 보면 만나게 되는 횡재

모든 일에서 일어나는 것 아니더라.

계속해서 일어나는 것도 아니더라.

노력하지 않으면 왔다가도 그냥 도망치더라.

ㅂ

배 주고 속 빌어먹는다

큰 이익은 다 빼앗기고 하찮은 것만 얻음

'배'는 맛있지만 '배 속'은 씨와 씨방 등이 있어 먹을 것이 없다. 자기가 가진 배를 누군가에게 주고서 자신은 먹을 수 없는 부위인 속만 얻어먹는다는 뜻으로, 큰 이익은 남에게 주고 하찮은 이익만 얻게 되었을 때 쓰는 표현이다.

배 주고 속 빌어먹는 일도
마음에서 우러나와 스스로 한 것이라면 행복이고
배 한 개 온전히 먹을지라도
강요로 인해 억지로 한 것이라면 고통이다.

배보다 배꼽이 더 크다

부수적인 것을 핵심적인 것보다 중요하게 생각함

얻은 이익보다 치른 대가가 훨씬 큼

'배'는 가슴과 엉덩이 사이에 있는 넓은 부위고 '배꼽'은 배 한가운데에 있는 탯줄 흔적이 있는 작은 부위다. 배꼽은 배의 일부분이기에 배보다 더 클 수는 없다. 작아야 하는 것이 오히려 크다는 뜻으로, 주된 것보다 딸린 것이 더 크거나 많은 상황, 이익보다 손해가 훨씬 큰 상황, 작아야 할 것이 더 큰 상황, 적어야 할 것이 더 많은 상황 등 이치에 어긋나는 상황에 대한 비유적 표현이다.

물건은 주먹만 한데 포장용기는 농구공 두 개도 들어갈 정도다.

밥값 5천 원인데 커피값 6천 원이다.

1천 원 할인받기 위해 교통비 2천 원 썼다.

'그럴 수도 있지'라고 생각해야 맘 편하다.

백지장도 맞들면 낫다

아무리 쉬운 일일지라도 여럿이 협력하면 훨씬 쉬워짐

'백지장'은 하얀 종이의 낱장이고 '맞들다'는 물건을 양쪽에서 마주 드는 행동이다. 가벼운 종이 한 장일지라도 함께 들면 한 사람이 드는 것보다 쉽다는 뜻으로, 어떤 일이든 서로 힘을 합하면 쉽게 해낼 수 있다는 이야기다.

혼자 하는 여행이 좋을 수 있고
혼자 먹는 밥이 맛있을 수 있다.
공부는 진짜로 정말로
혼자 하는 공부가 훨씬 능률적이다.
백지장은 혼자 드는 게 훨씬 낫다.

뱁새가 황새 따라가면 가랑이가 찢어진다

자신의 분수에 맞지 않는 욕심을 부리면 도리어 손해만 보게 됨

'뱁새'는 몸집과 다리가 작은 새고 '황새'는 몸집과 다리가 뱁새보다 열 배 정도 큰 새다. 다리 긴 황새를 다리 짧은 뱁새가 따라가려하면 가랑이가 찢어지는 피해를 보게 된다는 뜻으로, 힘에 겨운 일을 억지로 하게 되면 오히려 큰 화를 당하게 된다는 말이다. 자기 분수를 지키며 사는 것이 현명하다는 이야기고 지나친 욕심은 불행을 가져온다는 이야기다.

욕심이 낳은 고통일 수 있고
자존심이 낳은 비극일 수 있다.
생각 없음이 낳은 아픔일 수 있고
부화뇌동이 낳은 슬픔일 수 있다.

범 잡은 포수

뜻한 바를 이루어 의기양양함

호랑이는 사나운 짐승이기에 호랑이를 잡았다면 대단한 능력을
지녔다고 인정해주어야 한다. 호랑이를 잡은 포수는 전쟁을 승리
로 이끈 장수처럼 의기양양할 수밖에 없다는 뜻으로, 자신의 능력
을 과시하면서 큰소리치는 사람을 일컫는 표현이다.

세상의 왕이 된 듯 의기양양하다가는

범 새끼들에게

공격당할 수 있다는 사실

알아야 하는데.

범에게 날개

세력 있고 능력 있는 사람에게 또 다른 능력을 더해줌

힘이 세고 날렵한 호랑이가 날개까지 달게 되었다는 뜻으로, 대단
한 힘을 가진 사람이 또 다른 능력까지 갖게 되었다는 말이다. 힘
있는 사람이 또 다른 힘을 덧붙여 갖추게 된 경우를 일컫는 표현
이다.

범이 날개까지 달아 날아다닐 수 있게 된 것은
축복 아니라 재앙일 수 있다는 사실
아는 사람 많지 않다.

ㅂ

범에게 물려갈 줄 알면 누가 산에 가랴

위험한 일인 줄 알았다면 그 일을 하지 않음

호랑이에게 물려갈 줄 알면서 산에 가는 사람은 없다는 뜻으로, 결과가 좋지 않을 것을 알면서 어떤 일을 하는 경우는 없다는 말이다. 실패할 것을 예상하고 일을 시작하는 사람은 없다는 이야기다.

모르는 것이 잘못이 될 수 있는 이유는
알려고 노력하지 않았기 때문이고
모르면서도 조심하지 않았기 때문이며
모르면서도 생각하지 않았기 때문이다.

범은 그려도 뼈다귀는 못 그린다

겉모양은 쉽게 알 수 있어도 속마음은 알기 어려움

호랑이의 겉모습은 그릴 수 있으나 호랑이의 뼈는 그릴 수 없다는 뜻으로, 겉모양이나 형식은 쉽게 알아낼 수 있지만 속에 감추어진 내용은 알아내기 어렵다는 말이다. 외모를 보고 속마음까지 판단하려 해서는 안 된다는 이야기다.

뼈다귀 그리지 못해도 정말 괜찮다.

너만 못 그리는 것 아니니까

그릴 수 있는 사람 아무도 없으니까.

ㅂ

범의 굴에 들어가야 범의 새끼를 잡는다

뜻을 이루고 싶다면 위험을 피하지 말고 그에 맞는 노력을 해야 함

호랑이 새끼 잡겠다는 욕심 있다면 위험할지라도 호랑이 굴에 들어가야만 한다는 뜻으로, 호랑이 굴에 들어갈 용기 없이 호랑이 새끼 잡겠다는 욕심만 가져서는 안 된다는 말이다. 세상에 공짜는 없다는 말이고 노력 없이 얻을 수 있는 것은 없다는 말이다. 어려운 일을 성공으로 이끌려면 위험을 감수해야 한다는 이야기다.

어려운 일 하기는 싫지만 보수는 많이 받고 싶다.
생각하기는 귀찮지만 성적은 좋게 받고 싶다.
땀 흘리기는 싫지만 높은 곳에 오르고 싶다.
굴속에 들어가긴 싫지만 호랑이는 잡고 싶다.
비양심 아니라 무식함이다.

벙어리 냉가슴 앓듯

답답한 사정이 있어도 남에게 말하지 못하고
혼자서 고민하며 애태움

'벙어리'는 언어장애인을 낮잡아 이르는 말이고 '냉가슴 앓다'는 겉
으로 드러내지 않고 혼자서 속으로만 끙끙대며 걱정한다는 의미
다. 언어장애인이 자신의 마음을 표현하고 싶지만 표현할 방법이
없어서 속앓이만 한다는 뜻으로, 답답한 사정이 있음에도 남에게
말하지 못하고 혼자서 괴로워하며 끙끙대는 심정을 일컫는 표현
이다.

갑돌이도 갑순이를 사랑했고
갑순이도 갑돌이를 사랑했지만
결혼하지 못한 이유는
둘 다 벙어리 냉가슴 앓았기 때문.

ㅂ

벙어리 속은 그 어미도 모른다

말하지 않으면 그 누구도 알 수 없음

언어장애인은 자신의 감정을 말로 표현할 수 없기 때문에 그 어머니조차도 자식의 마음을 알기 어렵다는 뜻이다. 말을 직접 듣지 않고서는 그 심정 알 수 없다는 이야기고 말하지 않으면 그 누구도 속마음 알지 못한다는 이야기다.

삐지면 삐진 사람만 손해인 것이고
말하지 않으면 말하지 않은 사람만 손해다.
말하지 못해서 불행 만나게 된 사람 적지 않고
말했기 때문에 불행 피하게 된 사람도 엄청 많다.

벼는 익을수록 고개를 숙인다

수양을 쌓은 사람일수록 교만하지 않고 겸손함

'벼가 익는다'는 사람의 인격, 지식, 지혜의 정도가 높아진다는 의미다. 벼는 익을수록 이삭의 무게가 무거워져서 고개를 숙인 듯한 자세가 되는데, 이 모습은 겸손한 사람이 공손하게 인사하는 모습처럼 보인다. 사람은 지식과 지혜가 많아지고 인격이 높아질수록 점점 더 겸손해진다는 이야기다.

땡볕 견디면서 무얼 했을 것인가?
하늘 우러러보면서 무얼 했을 것인가?
고개 숙여야 사랑받는다는 사실 깨닫지 않았을까?
고개 숙여야 사람 살릴 수 있다는 사실 알게 되지 않았을까?

벼는 주인의 발자국 소리만 들어도 자란다

부지런히 정성을 기울이면 좋은 결과를 얻을 수 있음

주인의 발자국 소리를 듣는다는 것은 주인의 보살핌을 받는다는 뜻이다. 주인의 관심과 보살핌을 충분히 받은 벼가 올바르게 자라서 좋은 열매를 거둘 수 있는 것처럼, 사람 역시 주위의 관심과 사랑을 듬뿍 받게 되면 올바르게 성장할 수 있다는 이야기다.

영양 부족, 배움 부족 때문에 성장 못한 것 아니라
관심 부족으로 성장 못한 것이다.
전자우편 넘쳐나고 스마트폰 춤추고 있는 21세기 오늘은
얼마나 쉽기도 하냐, 관심 주는 일.
관심 전해주는 일이 사랑 주는 일이고
사랑 주는 일이 행복 만드는 일이다.

벼룩도 낯짝이 있다

잘못을 저지르고서도 부끄러운 줄 모르고 뻔뻔스럽게 행동함

'낯짝'은 얼굴이고 '낯짝이 있다'는 얼굴을 들 수 있다는 의미로 양심 있고 부끄러움을 안다는 뜻이다. 하찮은 곤충인 벼룩도 부끄러움을 아는데 하물며 사람이 부끄러움을 몰라서야 쓰겠느냐는 이야기로 몹시 뻔뻔스러운 사람을 비난할 때 쓰는 표현이다.

부끄러워할 줄 알아야 사람이고
고개 숙일 줄 알아야 사람이며
얼굴 따뜻하게 만들 줄 알아야 사람이다.

ㅂ

벼룩의 간을 내어 먹는다

어려운 처지에 있는 사람의 작은 것까지 빼앗음
욕심이 많음

'벼룩'은 작은 곤충이고 '간'은 생명 유지에 중요한 역할을 하는 작은 내장기관이다. 벼룩의 간을 내어 먹는다는 것은 아주 작은 것까지 욕심낸다는 의미다. 가난한 사람의 작은 것까지 빼앗으려는 욕심이나 어려운 처지에 놓인 사람의 얼마 되지도 않는 이익까지 자기 것으로 만들려는 욕심 많은 사람을 비꼬는 표현이다.

구천구백만 원 가진 사람이
일백만 원이 재산 전부인 사람의 일백만 원을 빼앗아
일억 원 만들겠단다.
참 나쁜 사람.
함께 잘 살아야 재미지
저 혼자 잘살면 무슨 재미.

변덕이 죽 끓 듯하다

변덕이 매우 심함

'변덕'은 이랬다저랬다 잘 변하는 태도나 성질이고 '죽'은 순간적으로 끓었다 식었다 하는 특성을 지녔다. 이렇게저렇게 잘 변하는 성질이 아주 짧은 시간에 끓었다 식었다 하는 죽과 같다는 뜻으로, 쉽게 변하는 말이나 행동을 비난하는 표현이다.

변덕부림도 병이라 생각하라.
환자가 보호받고 위로받아야 할 권리 있는 것처럼
변덕쟁이에게도 위로받고 보호받아야 할 권리 있다.

ㅂ

병 주고 약 준다

손해를 입힌 다음에 어루만져주고 도와줌

아프게 만든 다음에 치료해준다는 뜻으로, 누군가에게 일부러 손해를 끼친 후에 도움을 준다는 말이다. 일부러 고통이나 손해를 끼친 다음에 도와주는 척하면서 미소 보내는 사람을 비꼬는 표현이다.

병 주고 약 주는 사람은 그래도 고마운 사람
병만 주고 도망치는 사람 많은 세상에서.

보기 좋은 떡이 먹기도 좋다

겉모양 좋은 것이 속 내용도 좋음
겉모양새를 잘 꾸미는 것도 중요함

겉이 좋으면 속도 좋은 경우가 많다는 뜻으로, 내용 알차게 하는 것과 함께 겉모양도 신경 써야 한다는 이야기다.

예쁜 그릇에 담겼을 때 더 맛있게 먹었다면

예쁜 그릇 당장 사야 한다.

음식은 한 번으로 사라지지만

그릇은 천 번도 만 번도 재사용할 수 있기 때문.

예쁜 그릇보다 가성비 짱인 것은 없다.

예쁜 그릇에 대한 투자는 현명한 사람만 가능한 투자다.

ㅂ

보채는 아이 밥 한 술 더 준다

적극적인 사람이 더 많이 얻게 됨

계속 보채면서 시끄럽게 구는 아이에게는 밥 한 숟가락이라도 더 주게 된다는 뜻이다. 열정적인 사람이나 열심히 구하는 사람에게 조금이라도 더 잘해주고 싶은 인간 심리에 대한 표현이다.

불쌍한 마음에 더 주는 사람 있고
귀찮음 피하려고 더 주는 사람도 있지만
열정에 감동하여 더 주는 사람이 가장 많다.

봇짐 내어주며 앉으라 한다

속마음으로는 탐탁지 않게 생각하면서도
겉으로는 좋아하는 척함

손님에게 보따리를 내어주는 행위는 빨리 가면 좋겠다는 신호다. 몸짓으로는 빨리 떠나라 하면서 말로는 좀 더 머무르라 말한다는 뜻이다. 마음속으로는 떠나기를 바라면서 겉으로는 만류하는 표리부동을 일컫는 말이다.

누가 야박하다고 나무랄 수 있는가?

표리부동(表裏不同)이라고 누가 비웃을 수 있는가?

손님에 대한 예의 아닌가?

"이제 가주시면 좋겠습니다"라고 말해야 옳단 말인가?

부뚜막의 소금도 집어넣어야 짜다

아무리 가까이 있을지라도 이용하지 않으면 소용이 없음
좋은 조건이 갖추어졌을지라도 활용하지 않으면 의미가 없게 됨

'부뚜막'은 부엌의 솥을 걸어놓는 언저리로 요리가 이루어지는 공간이다. 손을 뻗기만 하면 집을 수 있는 가까운 곳에 소금이 있을지라도 직접 집어넣지 아니하면 짠맛을 낼 수 없다는 뜻으로, 아무리 쉬운 일일지라도 실천하지 않으면 이익이 없다는 이야기다.

좋은 책 많이 쌓아놓기만 하면 무슨 소용?
좋은 강의 많이 듣기만 하면 무슨 소용?
좋은 도서관 가까이 있기만 하면 무슨 이익?

부엌에서 숟가락을 얻었다

대단치 않은 일을 하고서 큰 성공이나 한 것처럼 으스대며 자랑함

숟가락이 널려 있는 부엌에서 숟가락을 찾았다고 큰소리친다는 뜻으로, 누구나 할 수 있는 쉬운 일을 해놓고서 대단한 일을 한 것처럼 자랑함을 비꼬는 말이다.

대학교 졸업하였단다.

이래 봬도 대졸자란다.

부처님 가운데 토막 같다

마음이 어질고 착함

'부처님'은 어짊과 자비로움의 상징이고 '가운데 토막'은 핵심이고 중심이다. '부처님 같다'만 해도 엄청난 어짊인데 거기에 '가운데 토막'이니 그 누구와 비교할 수 없을 정도로 어질고 자비로운 사람이라는 뜻이다. 어질고 착하며 순한 사람에 대한 비유적 표현이다.

국어, 영어, 수학, 과학, 사회가

해야 할 공부의 전부 아니고

정치, 경제, 외교, 국방이

연구하고 힘써야 할 일의 전부 아니다.

부처님 가운데 토막 어떻게 만들 수 있는가에 대해

공부하고 연구하는 것이

교육의 중심이어야 한다.

부처님 공양 말고 배고픈 사람 밥을 먹여라

복 비는 일보다 어려운 사람 도와주는 일이 복 받는 방법임

'공양'은 부처님 앞에 음식물이나 재물 등을 바치는 일이다. 부처
님에게 재물을 바치며 복을 비는 공양보다 굶주린 사람들에게 음
식물이나 돈을 주는 착한 행동이 복 받는 지름길이라는 말이다.
복 빌 시간에 착한 일 하라는 이야기다.

부처님이 누구신가?
부귀영화 버리시고 고행을 자처하신 분 아니신가?
이런 부처님께 복을 달라 부탁한다고?
공양 많이 하면 복 많이 받을 수 있다고?
어리석은 사람들
개그맨보다 더 웃기는 사람들.

부처도 건드리면 삼거웃이 드러난다

점잖은 사람도 내면을 들추면 지저분한 점이 나타남

'삼거웃'은 삼 껍질의 끝을 다듬을 때 떨어진 검불로 지저분한 것에 대한 비유로 쓰인다. 부처님은 지혜와 덕이 매우 뛰어난 훌륭한 분이시지만 내면 깊숙한 곳에는 부끄러운 점이 많이 숨어 있다는 뜻으로, 인간은 누구나 실수하고 죄지으면서 살아가는 존재라는 이야기다.

이중성격이라고?
이중성격이라 손가락질할 자격 있는 사람 누군가?
가면 썼다고?
가면 쓰지 않고 사는 사람 어디 있다더냐?

부처도 다급하면 거짓말한다

아무리 어진 사람일지라도
다급한 상황에서는 비겁하고 옳지 않게 행동하게 됨

부처는 흠이 없는 완벽한 존재다. 이런 부처님도 다급한 상황을
만나게 되면 자신도 모르게 거짓말하고 행동도 비겁해진다는 말
이다. 인간은 너나없이 허물 많고 부족한 존재라는 이야기다.

부처님도 다급하면 거짓말한다 했는데
친구가 거짓말 한 번 했다고
절교를 생각하다니.

ㅂ

부처를 위해 불공 드리냐

모든 노력은 남을 위해서가 아니라
자신을 위해서 하는 것임

'불공'은 부처 앞에 공양드리는 일이다. 부처 앞에 음식이나 재물을 드리는 불공이 부처를 위한 일처럼 보이지만, 사실은 자신에게 복 달라고 비는 행위라는 말이다. 모든 노력은 자신이 복 받고 싶은 마음에서 나온 행위이지 다른 사람을 위한 행위가 아니라는 이야기다.

보행자 위하여 교통신호 지키는 것 아니고
당선자 위하여 투표하는 것 아니며
손님 위하여 물건 만드는 것 아니다.
관객 위하여 노래하는 것 아니고
부모 위하여 공부하는 것도 절대 아니다.

불난 집에 부채질한다

남의 힘든 처지를 더 힘들게 만들어버림

불은 바람을 받으면 더욱 세차게 타오르는 성질을 지닌다. 남의 집에 불이 나면 물을 뿌려야 하는데 더 잘 타오르라고 부채질을 한다는 뜻으로, 어려움에 처한 사람을 더 어렵게 만들거나 화난 사람을 더 화나게 만든다는 이야기다.

위로한답시고 한 말이나 행동이
불난 집에 부채질 될 수 있다.
의도와 다르게
해석되고 전달되는 경우
참 많다.

ㅂ

비 온 뒤에 땅이 굳어진다

시련을 겪고 나면 더 강해짐

'비 온다'는 시련을 당한다는 의미고 '땅이 굳어진다'는 땅이 단단해진다는 의미다. 흙에 물이 더해지면 굳어진다. 시련당하는 것은 아픔이지만 그 아픔을 이겨내면 더 단단해지게 된다는 뜻으로, 고통과 시련은 인간을 강하게 만드는 약이 된다는 이야기다.

맹자 님께서 말씀하셨다.

"하늘이 장차 사람에게 큰일을 맡기려 할 때는

먼저 그 마음과 뜻을 괴롭히고 그 힘줄과 뼈를 지치게 하고

육체를 굶주리게 하며 생활을 곤궁하게 하여

하는 일마다 어긋나고 틀어지게 만든다.

이것은 그들의 마음을 움직여 인내심을 기르게 하고

어려운 일을 더 많이 해낼 수 있는 능력을 길러

일찍이 할 수 없었던 일을 하도록 하기 위해서다."

비는 데는 무쇠도 녹는다

진심으로 잘못을 뉘우치고 긴절하게 빌면 용서받을 수 있음

진심으로 빌면 무쇠도 녹일 수 있다는 뜻이다. 아무리 큰 잘못을 저질렀을지라도 자신의 잘못을 진심으로 시인하고 사과하면 용서 해주지 않을 사람이 없다는 이야기다.

강함이 승리하는 경우도 있지만
부드러움이 승리하는 경우도 많다.
공격하여 승리하는 경우도 많지만
잘못 시인하여 승리하는 경우도 많다.

ㅂ

비를 드니까 마당을 쓸라 한다

시작하려던 일도 누군가가 시키면 하기 싫어짐

마당 청소를 하려고 빗자루를 잡으려는 순간에 누군가가 마당 쓸라 명령하게 되면 마당 쓸고픈 마음이 사라져버린다는 뜻이다. 스스로 하려고 마음먹었는데 누군가가 시키면 하기 싫어지는 인간 심리를 표현한 말이다. 쓸데없는 간섭은 기분 망치는 행위가 되어 일을 망쳐버린다는 이야기다.

청개구리 심보라 욕하지 말고
누구에게나 청개구리 마음 있다는 사실
인정할 수 있어야.

빈 수레가 요란하다

잘 알지 못하는 사람이 아는 체하면서 떠들어댐

수레에 물건이 빈틈없이 실려 있으면 수레가 움직일 때 소리가 나지 않지만, 수레에 물건이 조금 실려 있으면 이리저리 움직일 때마다 '덜컹덜컹' 요란한 소리가 난다. 사람 역시 머리와 가슴에 든 것이 없을수록 말이 많다는 뜻으로, 지식과 지혜가 많은 사람은 조용히 있는데 비해 제대로 알지 못하는 사람이 잘난 체하고 많이 아는 체하면서 큰소리친다는 이야기다.

현명한 사람은
누군가에게 상처 줄까 두려워 말 아끼지만
어리석은 사람은
여기저기 떠돌아다니는 이야기 생각 없이 중계방송하느라 정신없다.

빈대 미워 집에 불 놓는다

손해는 생각하지 못하고 당장 눈에 거슬리는 것만 없애려 덤빔
작은 것에 집착하느라 큰 손해를 보게 됨

빈대 잡겠다는 생각으로 집에 불을 질러서 집 전체를 불태워버린다는 뜻이다. 크게 손해 보는 것은 생각하지 못하고 작은 손해에만 연연하는 어리석음을 일컫는 말이다.

친구의 농담 한마디에 절교를 고민하다니
쓴소리 두 번 했다고 사직서 강요하다니
빌려간 돈 갚지 않는다고 친구에게 얼굴 붉히다니.
초등학생도 할 수 있는 계산 못하다니.

빚 주고 뺨 맞기

착한 일을 하고도 오히려 봉변을 당함

돈을 빌려주고서 도리어 **뺨**을 얻어맞았다는 뜻으로, 남을 위해 희생하고 정성을 다해 대접하였음에도 오히려 봉변을 당하는 억울한 상황에 대한 비유적 표현이다. '물에 빠진 놈 건져놓으니 봇짐 내놓으라 한다'도 같은 의미다.

낳아주고 길러주고 가르쳐주었음에도
엄마 아빠가 해준 게 무엇이냔다.

빛 좋은 개살구

보기에는 그럴듯하나 실속은 없음

'빛 좋다'는 빛깔이 좋고 겉모습이 예쁘다는 의미고 '개살구'는 시고 떫은 살구다. 겉으로 보기에는 빛깔이 좋아서 맛있게 생각되었지만 막상 먹어보니 맛이 없더라는 이야기다. 겉은 그럴듯하지만 실속은 없을 때 쓰는 표현이다.

서울에 있는 고등학교 다녔던 동갑내기 사촌형
명절에도 과외받아야 한다며 할머니댁 한 번도 오지 않았다.
수능성적 나보다 한참 적게 받았다.

뻗어 가는 칡도 한이 있다

모든 일에는 한계가 있음

칡은 줄기가 길게 뻗어나가는 식물이지만 한없이 뻗어나가는 것은 아니고 어느 지점에서는 멈추게 된다. 세상 모든 것에는 한계가 있다는 말이고 무한한 것을 기대해서는 안 된다는 이야기다.

권력자의 끄트머리에서 무엇을 보았는가?
재벌 총수 일가의 후손들에게서 무엇을 발견했는가?

뿌리 없는 나무에 잎이 필까

원인 없이는 결과가 있을 수 없음

뿌리 없는 나무는 생명을 유지할 수 없고 당연히 잎이 필 수도 없다. 원인이 되는 행위가 있어야만 결과를 기대할 수 있다는 뜻으로, 희망을 가질 아무런 근거가 없음에도 기대를 가지는 어리석음을 비꼬는 표현이다. '아니 땐 굴뚝에 연기 날까'도 같은 의미다.

이파리가 바람에 감사하는 이유
뿌리에게 감사 인사 하도록
도와주기 때문.

사공이 많으면 배가 산으로 간다

여러 사람이 각각 자신의 의견을 고집하면 일이 제대로 되지 않음

'사공'은 뱃사공의 준말로 배를 운전하는 사람이다. 지금은 강마다 다리가 놓여 나룻배가 없어졌고 당연히 사공도 없어졌지만 옛날 엔 엄청 많았었다. 배 한 척에 여러 사공이 타서 제각각 자기가 옳 다고 우기게 되면 배는 방향을 잃게 되어 목적지 아닌 엉뚱한 곳 으로 가게 된다는 뜻이다. 각자가 자신의 주장만 내세우면 일이 제대로 되지 않는다는 이야기다.

두 명 모여도 대장 있어야 한다.
오늘 대장은 너, 내일 대장은 나
대장 아닌 사람도 의견 내놓을 수 있지만
최종 결정권은 대장이 가져야 한다.

사나운 개 입 성할 날 없다

싸움 잘하면 남에게 상처를 입히기도 하지만 자신도 상처를 입게 됨

싸움 잘하면 많이 때리기도 하지만 많이 맞기도 한다. 사나운 개는 남에게 상처를 주기도 하지만 자신의 입도 상처를 입게 된다는 뜻으로, 남에게 손해를 입히면 자신도 손해를 보게 된다는 이야기다.

일곱 번 연속 이기는 가위바위보 없고
때리기만 할 뿐 맞지 않는 싸움도 없다.
때릴 때에는 맞을 것 각오해야 하는 이유다.
최고의 승리는 싸우지 않고 이기는 것이고
도망치는 것은 비겁함 아닌 현명함이다.

사돈 남 말한다

자기 잘못은 제쳐놓고 남의 잘못만 나무람

'사돈'이란 혼인한 두 집안의 부모들끼리 서로를 부르는 호칭이다. 사돈이 자신의 잘못은 생각지 못하고 상대방의 잘못만 꾸짖는다는 뜻으로, 남의 잘못은 잘 지적하면서도 자신의 잘못은 인정하기 꺼려하는 사람을 비꼬는 표현이다. '똥 묻은 개가 겨 묻은 개 나무란다'도 같은 의미다.

슬퍼 말아라. 사람은 모두 다 그런 거란다.
남의 잘못은 잘 지적해내면서
자신의 잘못은 잘 모르고 지나가는 게 인간이란다.

사돈집과 뒷간은 멀수록 좋다

사돈집과 화장실은 어느 정도 거리를 두는 것이 좋음

'사돈'은 서로 조심해야 하는 대상이고 '뒷간'은 화장실의 옛 명칭으로 냄새 때문에 마당 한 귀퉁이에 있는 게 보통이다. 뒷간은 고약한 냄새 때문에 멀수록 좋고 어려운 관계인 사돈댁도 허물을 보여주고 싶지 않기에 멀리 떨어질수록 좋다는 말이다. 가까이 있게되면 좋지 않는 것까지 보여주게 되어 친분과 존경심이 사라진다는 이야기다.

감춰야 할 것은 감추는 게 서로에게 좋다.

관계 지속에 필요한 것 중 하나가 신비로움이니까.

남자도 감추어야 하고 여자도 감추어야 한다.

선생님도 감추어야 하고 학생도 감추어야 한다.

목사님도 감추어야 하고 신도도 감추어야 한다.

사촌이 땅을 사면 배가 아프다

인간에게는 남이 잘되는 것을 시기하거나 질투하는 마음이 있음

사촌이 땅을 사게 되면 괜히 부럽고 화가 나서 배가 아프다는 뜻
이다. 남이 잘되는 것을 기뻐해주기는커녕 오히려 샘내고 질투하
고 배 아파하는 못난이가 적지 않다는 이야기다.

그런 사람 있긴 하다.
남 행복에 배 아파하는 사람.
그런데 얼마나 감사하냐?
배 아파하는 사람보다 기뻐해주는 사람 더 많으니
내 배 조금도 아프지 않으니.

사후에 약방문

아무리 좋은 물건이나 방법일지라도 때를 놓치면 실속이 없음

'사후(死後)'는 죽은 뒤라는 의미이고 '약방문(藥方文)'은 약을 짓기 위하여 약의 이름과 분량을 적은 종이다. 죽은 뒤에 약방문을 쓴다는 뜻으로, 시기를 놓쳐 소용없는 일이 되고 만 경우를 일컫는 표현이다.

미루기 좋아한다.

미뤄놓고 후회하기 반복한다.

그래서 인간이다.

그래서 신 아닌 인간이다.

사흘 굶어 도둑질 아니할 놈 없다

굶주리게 되면 인간은 누구나 나쁜 일을 저지르게 됨

인간은 누구라도 사흘을 굶게 되면 이성이 마비되고 양심도 사라져서 도둑질하게 된다는 뜻이다. 아무리 착하고 선량한 사람일지라도 배가 고프면 나쁜 생각 하게 되고 옳지 못한 짓도 하게 된다는 말이다. 굶주림이 인간성을 말살시키고 배고픔이 가장 견디기 힘든 고통이라는 이야기다.

굶게 되었을 때 도둑질하는 것은
생명 유지하라는 조물주의 명령이다.
부자들에게 주어진 사명은
도둑이 강도로 변하지 않도록 만드는 일이다.

사흘 길에 하루쯤 가서 열흘씩 눕는다

급하게 서두르면 도리어 더디 이루게 됨

사흘 걸리는 길을 하루 만에 가게 되면 열흘 동안 앓아눕게 된다
는 뜻으로, 지나치게 서두르거나 욕심부리게 되면 일을 더 더디게
만들고 망치게 만든다는 이야기다.

마라톤 선수가 100미터를
13초에 뛸 수 없어서 안 뛰는 것 아니다.
학생이 쉼 없이 15시간
공부할 수 없기 때문에 안 하는 것 아니다.
얻는 것보다 잃을 게 많기 때문이고
인간의 한계를 인정하기 때문이다.

산 넘어 산이다

갈수록 더욱 어려운 상황에 처하게 됨

어렵게 산을 넘었더니 또 다른 산이 나타났다는 뜻으로, 갈수록 어렵고 곤란한 일만 생겨 고통스럽다는 말이다. 세상살이 만만찮고 시련과 고통은 끝없이 이어지는 것이니 짜증내지 말고 받아들여야 한다는 이야기다.

괜찮다.
쉬어가면 된다.
정말 괜찮다.
산에서 즐길 준비 되어 있다.

산 입에 거미줄 치랴

살림이 아무리 어려워도 사람은 굶어죽지 않음

'입에 거미줄 친다'는 입속으로 드나드는 것이 없다는 의미다. 살아 있으면 어떻게든 무엇인가는 먹게 된다는 뜻으로, 아무리 가난할지라도 굶어죽는 일은 없다는 이야기다.

너만
측은지심(惻隱之心) 있는 것 아니고
예수님만
40일 금식할 수 있는 것도 아니다.

산에 가야 범을 잡지

뜻을 이루고 싶다면 먼저 선행 조건을 갖추어야 함

호랑이를 잡으려면 먼저 호랑이가 살고 있는 산에 가야 한다는 뜻
이다. 목표를 이루고 싶다면 먼저 선행조건을 갖추어야 한다는 말
이고 실천하지 않으면 일을 성취해낼 수 없다는 이야기다.

'책을 봐야 실력 키우지'는 옳지만
'배워야 실력 키우지'는 옳지 않고
'탐구하고 익혀야 공부 잘하지'는 옳지만
'사교육 받아야 공부 잘하지'는 옳지 못하다.

삼밭에 쑥대

주위 환경이나 친구의 영향이 매우 큼

'삼'은 삼베옷을 만드는 데 필요한 식물이고 '쑥'은 봄나물이다. '삼'은 곧게 자라고 '쑥'은 옆으로 자라는데 쑥이 삼밭에 섞여 있으면 삼의 영향으로 쑥도 곧게 자란다는 뜻이다. 어떤 존재라도 환경의 영향을 받는다는 이야기다.

겉눈질하여 같아지려는 마음
모든 생명체의 공통 특징이다.
교육, 어려운 일 아니다.
부모가 행동으로 가르치면 되고
어른이 모범 보여주면 된다.
맹자만 환경의 영향 받았던 것 아니고
어린아이들만 겉눈질하기 좋아하는 것 아니다.

상주 보고 제삿날 다툰다

확실히 알고 있는 사람 앞에서 자신의 잘못된 의견을 고집함

부모나 조부모가 세상을 떠나 상중에 있는 사람을 '상제(喪制)'라 하고 상제 중 첫째를 '상주(喪主)'라 한다. 제삿날을 가장 잘 아는 사람은 상주(喪主)인데 이 상주와 제삿날이 언제인가를 놓고 서로 다툰다는 뜻이다. 어떤 일을 정확하게 알고 있는 사람 앞에서 자신의 생각이 옳다고 고집 피울 때 쓰는 표현이다. '공자 앞에서 문자 쓴다'도 같은 의미다.

열 가지 일에 신경쓰는 사람이
한 가지 일에 신경쓰는 사람을 당해낼 수 없다는 사실
모르는 바보 같은 사람
지금도 있다.

새가 보고 싶거든 나무를 심으랬다

바라는 바가 있다면 그 일이 이루어질 수 있는 바탕을 마련해야 함

새는 나뭇가지에 앉아 있기를 좋아한다. 새를 오도록 하고 싶다면 새가 앉을 수 있는 나뭇가지를 마련해놓아야 한다는 뜻으로, 원하는 바를 얻으려면 먼저 조건을 갖추어야 한다는 이야기다.

제발 와달라고
입 닳도록 소리 지르지 않아도 된다.
나무 심어놓고
조용히 기다리기만 하면 된다.

새끼 많이 둔 소 길마 벗을 날 없다

자식 많은 부모는 언제나 바쁘고 고생이 많음

'길마'는 짐을 싣거나 수레를 끌기 위해 소나 말의 등에 얹는 안장이고 '길마 벗다'는 '일에서 벗어난다', '고생을 끝낸다'는 의미다. 새끼가 많으면 그 새끼들을 먹여살려야 하기 때문에 일을 그만둘 수 없다는 뜻으로, 자식 많은 부모는 자식을 먹이고 교육시키기 위하여 쉴 새 없이 고생한다는 이야기다.

자식이 부모 고생 시켜주는 것 아니라
부모 욕심이 고생을 만들어내고 있다.
아이들 스스로 잘 자라날 수 있다는 믿음 가져야 하고
책 던져주는 것으로 부모 역할 끝이라는 사실 알아야 한다.
공부 잘해야 한다는 욕심 버릴 수만 있다면
공부도 재주라는 사실 인정할 수만 있다면
자녀 양육 쉽고도 재미있다.

새도 가지를 가려 앉는다

선택을 잘하는 것이 중요함

새가 나뭇가지에 앉을 때에는 아무 가지에나 앉는 것 아니라 자기 무게를 감당할 수 있는 가지, 먹이를 쉽게 찾을 수 있는 가지, 자신을 보호하기 좋은 가지만 골라 앉는다. 친구 선택, 거주지 선택, 직업 선택이 중요하다는 이야기다.

같은 가지인 것 같지만 같은 가지 아니고
같은 사람인 것 같지만 같은 사람 아니다.
지금 일어날까 말까부터 지금 잘까 말까까지
하루 종일 선택의 연속이다.
가장 중요한 능력은 선택 잘하는 능력이다.

새벽달 보자고 초저녁부터 기다린다

지나치게 서두름

새벽에 뜨는 달을 보겠다면서 초저녁부터 밖에 나가서 기다린다
는 뜻으로, 지나치게 서두름을 비꼬는 말이다.

새벽달 나타나기 직전
졸음 휘몰아쳐서
새벽달 만나지 못한 채 잠들고 말았다.

생일날 잘 먹으려고 이레를 굶을까

어떻게 될지도 모를 앞일을 생각하여
현재의 일을 소홀히 해서는 안 됨

생일에는 맛있는 음식이 많다. 배가 고파야 생일에 맛있는 음식 많이 먹을 수 있다는 생각에 7일 전부터 굶고 기다린다는 뜻으로, 불투명한 미래를 위해 현재 일을 소홀히 하는 어리석음을 비꼬는 말이다. 미래를 위해 현재를 희생시켜서는 안 된다는 이야기다.

일주일 해야 할 운동 하루에 할 수 없고
일주일 해야 할 사랑 하루에 할 수 없고
일주일 해야 할 공부 하루에 할 수 없다.
그리고 내일도 중요하지만 오늘이 더 중요하다.

서당 개 삼 년이면 풍월을 읊는다

무식한 사람도 유식한 사람과 함께 지내다 보면 유식해짐

'서당'은 글을 배우는 장소이고 '풍월(風月)을 읊는다'는 바람(風)과 달(月)을 노래한다는 의미로 문장을 암송하거나 짓는 일이다. 개도 서당에서 삼 년 살게 되면 문장 한 구절 정도는 외울 수 있고 지을 수도 있다는 뜻으로, 무식한 사람일지라도 유식한 사람과 함께 지내다 보면 자연스럽게 지식과 지혜가 쌓인다는 말이다. 무슨 일이든 오랫동안 반복해서 보고 들으면 자연히 그 일을 잘할 수 있게 된다는 이야기다.

모든 일의 결과는
시간 투자에 비례하는 법.
이루지 못함은,
능력 없음 때문 아니라
노력하지 않음 때문인 경우가 대부분이다.

서발 막대 거칠 것이 없다

살림살이가 하나도 없을 정도로 가난함

'발'은 두 팔을 양옆으로 벌렸을 때 한쪽 손끝에서 다른 쪽 손끝까지의 길이다(사람의 키와 비슷함). 서 발(약 5m)이나 되는 긴 막대를 휘둘러도 막대에 거치는 것이 하나도 없다는 뜻으로, 집안에 쓸만한 물건이 하나도 없는 가난한 상태를 일컫는 표현이다.

서 발 막대 거칠 것 없으니
도둑맞을 일 없어 얼마나 행복하냐?
서 발 막대 거칠 것은 없지만
집이라도 있음은 얼마나 감사한 일이냐?

서울 놈은 비만 오면 풍년이란다

일부만 알면서 전체를 안다고 큰소리치는 어리석음

풍년이 되려면 비가 많이 와야 할 뿐 아니라 일조량도 풍부해야 하고 해충도 없어야 하며 땅도 기름져야 한다. 비만 오면 풍년이 되는 것으로 생각한다는 뜻으로, 얄팍한 지식을 가지고 전문가처럼 행세하려는 사람을 비꼬는 표현이다.

공부 잘하면 판사, 검사, 변호사 하라고 한다.
성적 뛰어나면 의대 진학하는 것 당연하다 이야기한다.
법률 지식 많다고 훌륭한 법조인인 것 아니라는 사실 모르고
의학 지식 많다고 훌륭한 의료인 아니라는 사실 알지 못한다.

서투른 무당이 장구만 나무란다

자신의 능력 부족은 알지 못하고 도구만 탓함

'무당'은 귀신을 섬겨 길흉을 점치며 굿하는 사람이고 '장구'는 굿할 때 반주로 사용되는 타악기다. 굿 효험이 없을 때 무당이 자신의 능력 부족은 인정하지 않고 장구만 탓한다는 뜻으로, 일이 뜻대로 되지 않았을 때 자신의 잘못은 인정하지 않고 도구나 조건만 탓하는 어리석음을 비꼬는 표현이다.

바위틈에서도 꽃은 피어나듯
지방 대학에서도 인물은 우뚝 솟아난다.
도구나 환경 때문에 실패했다는 이야기는
패배자의 비겁한 변명에 불과하다.

선무당이 사람 잡는다

능숙하지 못한 일에는 실수가 많음
미숙한 사람은 일을 그르치기 쉬움

'선'은 '설다'에서 온 말이고 '설다'는 빈틈 많고 서투르다는 의미다. 옛날 무당은 질병을 치료한다면서 사람을 때리기도 했는데 그때 잘못하여 사람이 죽기도 했다. 일에 서투르면 사람을 죽이기까지 한다는 뜻으로, 능력이 부족하면 큰일을 저지를 가능성 크다는 말이다. 미숙한 사람이 설치다가 일을 그르쳤을 때 사용하는 표현이다.

열정은 아름답지만
지나치면 허수아비를 만들고
열정은 죄가 없지만
지나치면 무덤을 만든다.

섣달 그믐날 시루 얻으러 다니기

되지 않을 것이 분명한 일을 포기하지 않고 미련하게 계속함

'섣달 그믐날'은 설날의 전날이고 '시루'는 떡이나 쌀 등을 찌는 데 사용하는 둥근 질그릇이다. 설 전날인 섣달 그믐날에는 모든 집에서 떡을 하기 때문에 섣달 그믐날에 시루를 사용하지 않는 집은 없다. 섣달 그믐날에는 시루를 얻을 수 없음이 분명함에도 이 집 저 집 시루를 얻으러 다닌다는 뜻으로, 불가능한 일에 땀 흘리는 미련한 짓을 일컫는 말이다.

섣달 그믐날만 피하면 되는데
섣달 스무여드레도 괜찮고 설 당일도 괜찮은데
남과 같이해야 한다는 강박관념으로
섣달 그믐날만 고집하는 어리석음.

설마가 사람 잡는다

요행을 바라는 일은 불행을 가져올 수 있음

'설마 죽기야 하겠어?', '설마 실패하겠어?', '설마 그렇게 되겠어?' 라고 가볍게 생각하다가 죽을 수 있고 실패할 수도 있다는 말이다. 그런 일 없으리라 생각해 방심하게 되면 재앙을 당하게 된다는 뜻으로, 요행 바라지 말고 모든 일에 신중하고 조심하라는 이야기다.

'비 올 확률 5%라는데
굳이 우산 가지고 갈 필요 있겠어?'가 눈물의 시작이고
'한 명 떨어진다는데
설마 내가 그 한 명이겠어?'가 아픔의 시작이다.

성인도 하루에 죽을 말을 세 번 한다

아무리 훌륭한 사람일지라도 실수는 하기 마련임

덕과 지혜가 뛰어나서 모든 사람이 우러러 받드는 성인(聖人)이라 할지라도 하루 세 번 정도 말실수는 하기 마련이라는 뜻이다. 누구라도 수시로 말실수를 하게 되는 것이니 자신의 실수에 대해 지나치게 괴로워하지 않아도 된다는 의미고 남의 실수에 대해 관대해야 한다는 이야기다.

죽을 말 하루 다섯 번 이하로 하는 날
내가 나에게 표창장 주어야 하는 날.

섶을 지고 불로 들어가려 한다

스스로 위험을 자초함

앞뒤 가리지 못하고 미련하게 행동함

'섶'은 난방이나 취사를 위한 땔나무다. 맨몸으로 불 속에 들어가는 것도 위험한데 땔나무를 등에 지고 이글거리는 불 속으로 들어간다는 뜻이다. 상황 파악을 못하고 앞뒤 가리지도 않고 미련하게 행동하여 더 큰 불행을 스스로 불러오는 어리석음을 일컫는다.

아이는 이렇게저렇게 생각하고 있는데
엄마는 어서 빨리 답 내놓으라 닦달한다.
아이는 어떻게 하면 좋을까 궁리하고 있는데
아빠는 꾸물댄다며 야단치기에 바쁘다.
가장 훌륭한 가르침은
스스로 깨닫도록 도와주는 일이라는 사실.
스스로 생각할 시간 빼앗고 스스로 할 시간 빼앗는 것은
섶 지고 불로 들어가는 일이라는 사실
아직도 모른다.

세 냥 주고 집 사고 천 냥 주고 이웃 산다

좋은 집보다 좋은 이웃이 훨씬 중요함

어느 곳을 여행하느냐보다 누구랑 여행하느냐가 중요한 것처럼
집을 살 때도 집 자체보다 이웃이 어떠한지 더 살펴봐야 한다는
말이다. 좋은 이웃이 중요하다는 이야기다.

이웃집 나무 찾아온 새가 내 친구들이고
이웃집 꽃향기가 내 꽃향기다.

세 살 먹은 아이도 제 손의 것 안 내놓는다

인간은 누구라도 자기가 가진 것을 내놓기 싫어함

세 살 먹은 어린아이도 자기 손에 쥔 물건은 남에게 주기 싫어한다는 뜻으로, 인간의 소유욕은 본능적인 것이기에 누구도 어찌할 수 없다는 이야기다.

세 살배기 아이는 그렇다 치고
여든 살 먹은 노인분들은?
소유욕 역시 식욕, 수면욕과 똑같은 인간의 본능이다.

세 살 적 버릇이 여든까지 간다

어릴 때의 나쁜 버릇은 늙어서도 고치기 어려움

세 살 때 몸에 배어 습관이 된 버릇은 여든 살까지 이어진다는 뜻이다. 어렸을 때 나쁜 버릇이 들면 죽을 때까지 가지고 가는 것이니 어렸을 때 나쁜 습관 들지 않도록 잘 지도해야 한다는 이야기다.

지금도
"식사하세요"라는 말에는 벌떡 일어선다.
다른 일에는 관용 베푸셨지만
밥상 앞에 늦게 나타나는 것만큼은 용서치 않으셨던 아버지셨다.

세모시 키우는 놈하고 자식 키우는 놈은
막말을 못한다

자식 교육은 뜻대로 되는 것 아니니 자식에 대해 장담해서는 안 됨

'세모시'는 올이 가늘고 고운 모시인데 재배하기도 힘들고 베짜기도 힘들어서 하늘이 도와주지 않으면 품질 좋은 세모시를 얻을 수 없다. 세모시는 능력이나 노력만으로 만들 수 있는 것 아니기에 세모시를 가지고 능력 부족이나 노력 부족을 이야기해서는 안 된다는 뜻이다. 능력과 노력만으로 품질 좋은 세모시를 만들어낼 수 없는 것처럼 자식 교육도 부모의 정성과 노력만으로 되는 것이 아니니 남의 자식에 대해 이러쿵저러쿵 말해서는 안 된다는 말이다. 자식 농사는 그 누구도 장담할 수 없는 어려운 일이라는 이야기다.

내 아들도 욕먹을 행동할 수 있다는 생각에
내 딸도 비난의 대상이 될 수 있다는 생각에
입 다물 수밖에 없었던 경우
어디 한두 번이었던가?

세월이 약

시간 지나면 상처, 아픔, 슬픔 등이 저절로 사라짐

슬픔과 상처와 가슴앓이 등은 시간이 지나면 저절로 사라지게 된다는 말이다. 시간이 지나면 현재의 고통은 자연스럽게 사라지게 되는 것이니 참고 기다려야 한다는 이야기다.

조물주가 인간에게 준 축복에는
망각의 축복과
자연치유의 축복도 포함되어 있다.

소 닭 보듯 닭 소 보듯

상대방 하는 일에 아무런 관심을 두지 않고 본체만체함

소와 닭은 같은 울타리 안에서 생활하지만 이해관계(利害關係)가 없기 때문에 서로에게 조금도 관심을 두지 않는다. 이해관계가 없으면 서로 본체만체한다는 뜻으로, 각자가 제멋대로 행동하는 모습에 대한 비유적 표현이다.

아무리 화날지라도 주먹질해선 안 되는 것과 마찬가지로
아무리 못마땅할지라도 소 닭 보듯 닭 소 보듯 해서는 안 된다.
무시당했다는 아픔이나 슬픔보다
더 큰 아픔이나 슬픔은 없다.

소 잃고 외양간 고친다

일을 그르친 뒤에는 뉘우치거나 손을 쓸지라도 아무 소용이 없음

'외양간'은 소나 말을 기르는 곳이다. 소를 도둑맞기 전에 외양간을 고쳐야지 소를 도둑맞은 다음에 고치면 아무런 소용이 없다는 뜻으로, 일이 잘못되기 전에 손을 써야지 잘못된 뒤에 손을 쓰게 되면 쓸모없는 일이 되고 만다는 이야기다.

소 잃어버린 뒤에 외양간 고친다고 비웃지 마라.
실수를 통해서도 배우지 못하는 사람만큼
어리석은 사람은 없다.

소경 개천 나무란다

제 잘못은 생각하지 못하고 남만 탓하는 어리석음

'소경'은 눈에 이상이 생겨 앞을 보지 못하는 시각장애인이고 '개천'은 시내보다 크지만 강보다는 작은 물줄기가 흐르는 곳이다. 소경이 개천에 빠진 것은 앞을 보지 못하는 자신의 장애 때문임을 알지 못하고 개천만 나무란다는 뜻이다. 자신의 잘못은 인정하지 않고 남만 탓하는 어리석음에 대한 비유적 표현이다.

"내 탓이오"
라고 말하기 시작하면
철들기 시작한 것 아닌가?

소경 단청 구경

사물의 참된 모습을 깨닫지 못함
참맛을 알아보는 능력이 부족함

'단청'은 집이나 사찰의 벽, 기둥, 천장 등에 여러 가지 빛깔로 그린 그림이나 무늬다. 붉은색과 푸른색이 주된 색이기에 '붉을 단(丹)', '푸를 청(靑)'을 써서 단청(丹靑)이라 한다. 사물을 볼 수 없는 시각 장애인은 아무리 열심히 단청을 쳐다볼지라도 단청의 진가를 알기 힘들다는 뜻으로, 아무리 열심히 할지라도 핵심을 파악하지 못하는 사람을 비꼬는 표현이다.

감상은 시각만으로 할 수 있는 것 아니니
감상은 후각, 청각, 촉각, 미각으로도 할 수 있는 것이니
감상은 마음으로도 할 수 있는 것이니.
시각장애인에게도 구경할 기회 주는 것이 옳다.

소경 머루 먹듯

좋고 나쁜 것을 가리지 못하고 아무것이나 취함

'머루'는 달짝지근한 풋내가 나는 산열매인데 단맛이 있기에 사람들이 즐겨 먹는다. 시각장애인은 좋은 머루와 나쁜 머루가 섞여 있음을 알지 못하기 때문에 좋은 것 나쁜 것 가리지 못하고 함께 먹을 수밖에 없다. 좋고 나쁜 것을 구별하지 못하고 아무것이나 취하는 태도를 비판하는 표현이다.

좋은 것 나쁜 것 가리지 못하고 먹게 되면
배 속에서 전쟁 나는 것
불 보듯 확실한 일인데.

소금 먹은 놈이 물을 켠다

일에는 반드시 그렇게 된 까닭이 있음

'물을 켜다'는 갈증 나서 물을 자꾸 마신다는 의미다. 짠 음식을 먹으면 물을 많이 마시게 된다는 뜻으로, 모든 일에는 반드시 그렇게 된 원인이 있다는 말이다. 죄지은 사람은 반드시 벌을 받게 된다는 의미이기도 하다.

물 들이키는 것 보면
소금 먹은 것 알 수 있는 것처럼
그의 말과 행동을 보면
그가 나를 어떻게 생각하는지 알아낼 수 있다.

소도 언덕이 있어야 비빈다

무슨 일이든 의지할 곳이 있어야 뜻을 이룰 수 있음

'언덕'은 주변보다 높고 경사진 곳이다. 소가 가려울 때 가려운 부분을 언덕에 비벼대면 가려움증을 해결할 수 있다. 소도 언덕이 있어야 가려움증을 해결할 수 있다는 뜻으로, 의지할 곳이 있어야 문제 해결이 가능하다는 이야기다.

누군가의 도움 받아야 할 때
부모님이 만들어준 '누군가'보다
내가 만든 '누군가'가 훨씬 나를 잘 도와준다.

소문난 잔치에 먹을 것 없다

소문에 비해 실속이 없음
소문이 실제와 일치하지 않는 경우가 많음

대단하다고 소문난 잔치라서 기대를 품고 갔는데 음식이 보잘것 없었다는 뜻으로, 소문은 떠들썩하게 났지만 실제는 보잘것없는 경우를 일컫는 말이다. 소문이나 큰 기대에 비해 실속이 없는 경우나 소문이 실제와 일치하지 않는 경우에 쓰는 표현이다.

서울로 전학 간 친구
서울대학교 합격할 것이라 예상했다.
유명 선생님에게 강의받은 친구
무조건 1등급 받을 것이라 생각했다.
서울대학교는커녕 지방 국립대도 못 갔고
1등급은커녕 5등급도 못 받았다.

속 빈 강정

겉은 그럴듯하지만 실속은 없음

'강정'은 물에 불려 빻은 찹쌀가루 반죽을 썰어 말린 후 기름에 튀겨 꿀 또는 조청을 발라 만든 과자인데 속이 꽉 차지 않고 비어 있는 경우가 많다. 겉으로 볼 때는 크고 좋은 것 같았는데 알고 보니 속이 텅 비어 있더라는 뜻으로, 겉은 그럴듯하지만 실제는 보잘것 없는 경우를 일컫는 표현이다.

겉모양으로 판단해서는 안 된다는 사실을
함부로 판단하는 것은 지혜로움 아니라는 사실을
속 빈 강정은 말해주고 있다.

손톱 밑에 가시 드는 줄은 알아도
염통 안에 쉬 스는 줄은 모른다

눈에 보이는 작은 일은 알아도 눈에 보이지 않는 큰일은 알지 못함
훗날의 큰 화근은 알기 어려움

'쉬'는 파리의 알을 일컫고 '슨다'는 곰팡이나 곤충의 알 등이 생긴
다는 의미다. 손톱 밑에 작은 가시가 들어가면 통증이 있기 때문
에 곧바로 알 수 있지만 염통 안에 곤충 알 생기면 통증이 없어서
잘 알지 못한다는 뜻이다. 현재의 작은 일에는 신경을 쓰면서도
미래의 큰일에 대해서는 신경쓰지 못하는 어리석음을 비웃는 표
현이다.

작은 것엔 민감하고
큰 것엔 둔감하다.
그래서 인간이고
그래서 못난이다.

손톱은 슬플 때마다 돋고
발톱은 기쁠 때마다 돋는다

인간은 기쁨보다 슬픔을 더 많이 느끼면서 살아감

발톱은 한 달에 한 번 깎아주면 될 정도로 천천히 자라지만 손톱을 일주일에 한 번 깎아주어야 할 정도로 빠르게 자란다. 인간은 한 번의 기쁨 느낄 때 네 번의 슬픔 느끼면서 살아간다는 뜻이다. 누구라도 기쁨보다 슬픔을 더 많이 가지고 살아가는 것이니 슬픈 일이 더 많다는 이유로 투덜대거나 한탄하면서 괴로워해서는 안 된다는 이야기다.

유행가 노랫말 조사해보니
슬픈 노래 아홉에 기쁜 노래 하나더라.
슬퍼서 술 마시는 사람 다섯이고
기뻐서 술 마시는 사람 한 명이더라.

송곳도 끝부터 들어간다

모든 일에는 일정한 순서가 있음

'송곳'은 작은 구멍을 뚫는 데 사용하는 쇠로 만든 도구인데 손잡이 쪽은 두껍고 반대쪽 끝은 뾰족하다. 구멍을 뚫으려면 뾰족한 끝부터 들어가도록 해야 한다는 뜻으로, 어떤 일이든 순서를 무시해서는 안 된다는 이야기다.

'힘'이 먼저 아니라 '요령'이 먼저다.

'열심히'가 1순위 아니라 '방법'이 1순위다.

'실행'이 첫 번째 아니라 '충분히 생각하기'가 첫 번째다.

솥은 검어도 밥은 검지 않다

겉은 변변치 않아도 실제는 꽤 훌륭함

가마솥은 검은색이고 쌀밥은 흰색이다. 검은 솥에서 흰 밥이 만들어진다는 뜻으로, 겉모양은 보잘것없지만 속 내용은 꽤 훌륭할 때 쓰는 표현이다. 겉과 속이 같지 않다는 말이고 겉모양으로 속을 판단해서는 안 된다는 이야기다.

키 작아도 농구 잘할 수 있고
부모님 무학이어도 자식은 박사 될 수 있다.
개천에서 용 나올 수 있고
명문대 아니어도 행복 지수 높을 수 있다.

쇠귀에 경 읽기

아무리 가르쳐주어도 이해하지 못하고 기억하지 못함

'쇠귀'는 '소의 귀'이고, '경(經)'은 경서(經書)의 준말로 종교의 사상과 가르침을 적어놓은 책이다. 소에게 경서를 아무리 열심히 가르쳐준다 해도 소는 알아듣지 못한다는 뜻으로, 아무리 알려주어도 이해하지 못하는 사람을 비웃을 때 쓰는 표현이다.

교사 역할은
지식을 가르쳐주는 일에 있지 않고
스스로 지식 습득하도록 도와주는 일에 있다.
어른 역할은
말로써 가르치는 일 아니라
행동으로 모범 보여주는 일이다.

쇠뿔도 단김에 빼랬다

달아올랐을 때 행동에 옮겨야 효과가 큼
기회가 왔을 때 실행해야 함

소의 뿔을 제거했던 이유는 공산품의 원료로 사용하기 위함과 다루기 쉽게 하기 위함이었다. 뿔 주위에 열을 가하여 뿔이 달았을 (물렁물렁해졌을) 때 빼내곤 했는데 식어버리면 굳어서 뺄 수 없기 때문에 서둘러 빼내야만 했다. 어떤 일이든 기회가 왔을 때 해야지 미루거나 망설이거나 오래 끌면 성공시킬 수 없다는 이야기다.

어떻게 할 것인가 하는 방법도 중요하지만
어느 순간에 할 것인가 하는 시간 맞추기도 중요하다.

수박 겉핥기

진짜 내용은 알지 못하고 겉 내용만 대충 앎

수박 겉껍질은 아무런 맛이 없다. 수박 껍질만 핥는 것은 수박을 먹은 것이라 할 수 없고 수박 맛을 안다고도 할 수 없다는 뜻으로, 어떤 일의 핵심은 알지 못한 채 겉만 보고 제멋대로 판단해버리는 어리석음을 일컫는다.

수박 백 개 겉만 핥는 것보다
수박 한 개 속 먹는 것이 백 번 낫다.
어설픈 재주 백 가지 있는 것보다
남들은 가지지 못한 재주 하나 있는 것이 훨씬 낫다.

수염이 석 자라도 먹어야 양반

배가 불러야 체면도 차릴 수 있음

먹는 일이 중요함

'석 자'는 90cm 정도다. 옛날 양반들은 수염이 길어야 양반답다고 여겼다. 수염이 석 자나 되는 양반이라 할지라도 먹지 아니하면 양반 노릇 할 수 없다는 뜻으로, 먹는 일이 그 어떤 일보다 중요하다는 이야기다.

인류 역사는 땅 뺏기 역사였다.

땅 뺏기는 먹을 것 쌓아두기다.

지금도 많은 사람들은 먹을 것 쌓아두기 위해 발버둥치고 있다.

숭어가 뛰니 망둥이도 뛴다

남이 하니까 생각 없이 따라 함

'숭어'는 힘이 좋은 물고기고 '망둥이'는 힘없는 물고기다. 숭어가 뛰는 모습이 멋있어 보인다는 이유로 망둥이도 숭어를 따라 펄쩍 뛰어오르려 한다는 뜻이다. 자기 능력 부족은 생각하지 못하고 자신보다 나은 사람을 무조건 따라 하는 어리석은 행동을 비꼬는 표현이다.

자기주도학습이 올바른 방법임을 알긴 안단다.

스스로 공부해야 성적 올라간다는 사실 모르는 게 아니란다.

그런데도 사교육 시키는 이유는

남들이 시키기 때문이란다.

남들이 시키지 않으면 자기도 시키지 않겠단다.

남들 다 시키는데 어떻게 자기만 시키지 않을 수 있느냐다.

뛸 이유 없음에도 숭어가 뛰니 무조건 뛰고 보는 망둥이다.

숯이 검정 나무란다

자기의 잘못은 묻어놓고 남의 잘못만 들춰내어 공격함

'숯'은 나무를 숯가마에 넣어 구워낸 검은 덩어리다. '숯'이 '검정'이고 '검정'이 '숯'이기에 누가 누구를 검다고 할 수 없음에도 숯이 검정을 검다며 야단친다는 뜻이다. 자신의 허물은 생각하지 못하고 남의 허물만 들춰내어 공격함을 일컫는 말이다.

침 튀겨가며 남 비난하는 사람

알고 보니

주변사람들로부터 비난 많이 받는 사람이더라.

시루에 물 퍼붓기

아무리 노력해도 효과가 없음

'시루'는 떡이나 쌀 등을 찌는 데 사용하는 둥근 질그릇으로 바닥에 구멍이 여러 개 뚫려 있다. 구멍이 뚫려 있는 이유는 수증기가 올라가도록 하기 위함이다. 구멍 난 시루에는 물을 아무리 많이 부을지라도 물이 담길 수 없다는 뜻으로, 수고를 많이 하여도 효과가 나타나지 않을 때 쓰는 표현이다.

안 되면 멈춰야 하고
안 되면 점검해보아야 하며
안 되면 다른 방법 모색해보아야 한다.
'열심히'가 최선의 방법 아닌 경우
참 많다.

시장이 반찬

배고프면 반찬 없어도 밥 맛있게 먹을 수 있음

'시장'은 배가 고픈 상태다. 밥은 반찬을 곁들여 먹는 게 일반적인데 배가 고프면 반찬 없이도 밥을 맛있게 먹을 수 있다는 말이다. 어려운 상황에 처하면 그동안 꼭 필요하다 여겼던 것도 반드시 필요한 것은 아니라는 사실을 깨닫게 된다는 이야기다.

목말라야 물이 맛있고
물에 빠져야 널빤지가 고마우며
심심해야 친구가 반갑다.
밥 먹으라 큰소리치는 것보다
배고플 때까지 기다리는 것이 현명함이다.

식은 죽 먹기

아주 쉬운 일

뜨거운 음식은 먹기 어렵지만 식은 음식은 먹기 쉽고, 밥은 씹어야 먹을 수 있지만 죽은 씹지 않아도 먹을 수 있다. 힘들이지 않고 쉽게 할 수 있는 일이라는 뜻으로, 누구나 거리낌없이 쉽게 할 수 있는 일을 일컫는다.

수저 쥐는 수고
고개 숙이는 노력
들어 올리는 의지 없이는
식은 죽 먹기도 불가능한 일이다.

실없는 말이 송사 간다

무심코 한 말로 인하여 큰일이 벌어짐

'실없다'는 상황에 어울리지 않고 다소 엉뚱한 느낌을 주는 말이나 행동을 일컫고 '송사(訟事)'는 재판하는 일이다. 생각 없이 한 말 때문에 큰 재판이 벌어질 수 있다는 뜻으로, 무심코 한 말이 불행을 가져올 수 있으니 언제라도 말조심해야 한다는 이야기다.

침묵 견디기 힘들어
생각 없이 악의 없이 했던 말이
누군가에겐 큰 상처가 될 수도 있다는 사실
이제야 깨닫게 되다니.

싸움은 말리고 흥정은 붙이랬다

나쁜 일은 하지 못하도록 말리고 좋은 일은 하도록 권해야 함

'흥정'은 물건을 사거나 팔기 위해 품질이나 가격 등을 의논하는 일이다. 파는 사람은 팔아야 이익을 얻고 사는 사람은 사는 것이 도움 되기 때문에, 사고팔 수 있도록 흥정을 붙이는 일은 파는 사람 사는 사람 모두에게 이익을 주는 좋은 일이 된다. 나쁜 일은 말리고 좋은 일은 열심히 하도록 권해야 한다는 이야기다.

은근히 누군가가 흥정 붙여주길 기다린다.
사기 전에 팔기 전에.
은근히 누군가가 말려주기를 기다린다.
싸움질하기 전에도 싸움질하면서도.

싼 것이 비지떡

값싼 물건은 품질이 나쁘게 마련임

'비지'는 두부를 만든 후 남은 찌꺼기이고 '비지떡'은 비지에 쌀가루나 밀가루를 넣고 반죽하여 둥글넓적하게 부친 떡이다. 비지떡은 값싼 비지로 만들기 때문에 보잘것없는 것을 비유하는 말로 많이 쓰인다. 값싼 물건은 품질이 좋지 않다는 말이고 물건의 가치는 값에 따라 다르다는 이야기다.

비싸다 해서

반드시 좋고 귀한 것 아니고

싸다 해서

반드시 품질 나쁜 것도 아닌데……

쌍가마 속에도 설움은 있다

근심 걱정 없는 것처럼 보이는 사람에게도
남모르는 걱정과 설움은 있기 마련임

'쌍가마'는 말 두 마리가 끄는 가마인데 높은 벼슬아치만 탈 수 있었다. 높은 벼슬을 가져서 남부러울 것 없고 걱정 근심 없을 것 같은 사람도 알고 보면 나름의 근심 걱정 설움은 있더라는 말이다. 근심, 걱정, 설움 없이 살아가는 사람은 한 사람도 없다는 이야기다.

부자는 부자대로 아픔이 있고
왕은 왕대로 괴로움 있다.
부귀영화는 땀과 눈물과 뒤엉켜 살아간다.

썩어도 준치

값어치 있는 물건은 흠이 있어도
어느 정도 가치는 지님

'준치'는 맛은 좋고 어획량은 적기 때문에 귀한 생선으로 대접받는다. 귀한 생선이기에 비록 썩었을지라도 어느 정도 가치는 인정받는다는 뜻으로, 귀중한 물건은 망가지더라도 일정한 가치는 지닌다는 이야기다.

경기장 빛나게 만들었던 스타플레이어들
은퇴로 가치 사라졌다 생각했는데
사람들은 계속 또 다른 이름으로
그들을 소환해내곤 한다.

쏘아 놓은 살이요 엎지른 물이다

한 번 저지른 일은 돌이키거나 고치거나 중지할 수 없음

'살'은 화살이다. 쏘아버린 화살은 되돌아오도록 만들 수 없고 엎질러진 물은 다시 그릇에 담을 수 없다는 뜻이다. 한 번 해버린 말이나 행동은 고칠 수 없는 것이니 말하기 전이나 행동하기 전에 신중하게 생각해야 한다는 이야기다.

사람은 죽을지라도
그가 한 말은 죽지 않는다.
생각하고 생각하고 덜어내고 덜어낸 후
말해야 하는 이유다.

아내가 귀여우면 처갓집 말뚝 보고 절을 한다

아내가 사랑스러우면 아내 주위의 모든 것이 좋게 보이고 고맙게 생각됨
한 가지가 좋아 보이면 모든 것이 좋아 보임

'말뚝'은 땅에 두드려 박는 기둥이나 몽둥이인데 흔하기 때문에 누구도 관심을 두지 않는다. 아내가 예쁘면 처갓집의 하찮은 것까지 좋아 보인다는 뜻으로, 한 가지가 좋아 보이면 그에 딸린 모든 것이 몽땅 좋아 보이는 인간 심리를 표현한 말이다. 어떤 것에 지나치게 빠지면 사리 판단을 잘못하게 된다는 이야기이기도 하다.

아내가 사랑스러우면 사랑할 수밖에 없고
사랑하는 아내를 위해 무슨 일인들 못하겠는가?
사리 판단 못하는 것 아니라
사랑의 힘 발휘된 것 아니겠는가?

아니 되는 놈은 뒤로 넘어져도 코가 깨진다

운수가 사나운 사람에게는 재수 없는 일이 자주 발생함

코가 깨지는 것은 누군가에게 맞았거나 앞으로 넘어졌을 때다. 뒤로 넘어질 때 코가 깨지는 경우는 거의 없지만 운수가 사나우면 뒤로 넘어졌음에도 코가 깨진다는 뜻으로, 예상치 못한 불행한 일이 일어났을 때 쓰는 표현이다.

뒤로 넘어져 코가 깨지게 되면
가슴 쓸어내려도 된다.
나에게 할당된
뒤로 넘어졌을 때 코가 깨지는 상황 치러낸 것이니.
군대 두 번 가지 않는 것이니.

아니 땐 굴뚝에 연기 날까

원인이 없으면 결과도 없음

'때다'는 아궁이에 불을 지피어 타게 만든다는 의미고 '굴뚝'은 불을 땔 때 연기가 밖으로 빠져나가도록 만든 구조물이다. 아궁이에 불을 지피지 않으면 굴뚝에 연기가 나오지 않는다는 뜻으로, 모든 결과에는 그에 해당하는 원인이 있다는 이야기다.

친구의 피나는 연습은 들여다볼 생각도 못하고
그 친구의 연주 실력만 부러워한다.
친구의 머리 쥐어짜는 아픔은 애써 모른 체하면서
그 친구의 성적표만 부러워한다.

아닌 밤중에 홍두깨

예기치 못한 말을 듣거나 뜻밖의 일을 당함

'아닌 밤중'은 예기치 않은 밤중이라는 뜻이고 '홍두깨'는 뻣뻣한 옷감을 감아서 다듬을 때 쓰는 70~90cm 정도 되는 둥근 통나무를 말한다. 밤중에 누군가가 갑자기 홍두깨로 공격해온다는 뜻으로, 전혀 생각지도 않은 사고가 갑자기 일어났을 때 쓰는 표현이다.

자식에게 뺨 맞을 수 있고
절친에게 뒤통수 맞을 수도 있다.
친구들에게 왕따 당할 수 있고
자다가 홍두깨로 공격받을 수도 있다.
인생이란 이런 것들의 집합체다.

아랫돌 빼서 윗돌 괴기

급한 나머지 임시변통으로 이리저리 둘러맞춤

성벽 등을 쌓을 때 아래에 있는 돌을 빼내어 위에 있는 돌을 받친다는 뜻이다. 아랫돌을 빼면 공간이 생겨 벽이 무너질 수밖에 없음에도 당장 필요하다는 이유로 아랫돌을 빼서 윗돌을 받친다는 말이다. 당장의 어려운 상황을 모면하기 위해 임시변통 방법을 사용하는 어리석음을 일컫는다.

철수에게 빌린 돈 갚기 위해 영호에게 돈 빌렸고
영호에게 빌린 돈 갚기 위해 길수에게 돈 빌렸다.
길수에게 빌린 돈 갚기 위해 순철에게 돈 빌렸고
순철에게 빌린 돈 갚기 위해 준길에게 돈 빌렸다.
모두 모두에게 비굴해야 했고
모든 친구들 무릎 아래로 내려가야 했다.
막노동 하루만 했으면 해결될 일이었는데.

아무리 바빠도 바늘허리 매어 쓰지 못한다

아무리 바쁠지라도 갖추어야 할 순서와 격식을 무시해서는 안 됨

바늘허리는 바늘의 중간 위치다. 시간이 없다는 이유로 바늘구멍에 실을 넣지 않고 바늘허리에 실을 매어서는 바느질을 할 수 없다는 뜻이다. 아무리 바쁠지라도 거쳐야 하는 과정을 건너뛰어서는 일을 제대로 성사시킬 수 없다는 이야기다.

대충대충 해도 되는 일 있고
건너뛰어도 괜찮은 일 있으며
순서 바꾸어도 상관없는 일 있긴 하지만
제대로 하지 않으면 하나 마나 한 일 되는 것이 대부분이다.

아이는 칠수록 운다

때리는 것보다 달래는 것이 훨씬 효과적임

'치다'는 '때리다'는 의미다. 아이가 울 때 부모는 타이르고 달랠 것인지 혼낼 것인지에 대해 고민하는데 아이는 때릴수록 더 크게 울기 때문에 때리는 것보다는 달래는 것이 현명하다는 말이다. 폭력을 사용하여 억압하는 교육보다 부드러움으로 아이들의 마음을 변화시키는 교육이 더 효과적이라는 이야기다.

때리면 울음 그치는 경우 없는 것 아니지만
때리면 더 크게 우는 경우가 대부분이다.
때릴 때 울음 그치는 경우는
또 다른 울음 잉태시키는 경우가 대부분이다.

아이도 사랑하는 데로 붙는다

사람은 누구나 정 많이 주는 사람을 따름

'아이도'라는 말에는 '어른은 말할 것도 없고'라는 의미가 숨어 있다. 아이도 자신을 사랑해주는 사람을 따른다는 뜻으로, 자신이 먼저 그 사람을 사랑해주어야 그 사람도 자신을 사랑해준다는 말이다. 자기를 좋아해주는 사람을 좋아해주는 것이 인지상정(人之常情)이라는 이야기다.

풀이 햇볕 향해 뻗어나가고
개도 사랑하는 사람에게로 꼬리 흔들며 다가가듯
사람도 정 많은 사람에게로 나아간다.
사람들 몽땅 떠나버려 외로워진 사람은
자신을 뒤돌아보는 일 먼저 해야 한다.

아주머니 떡도 싸야 사 먹지

아무리 친분이 두텁다 할지라도
자신에게 이익되지 않는 일은 하지 않음

'아주머니'는 부모와 항렬이 같은 친척 여성이다. 떡을 사야 할 때, 이왕이면 가까운 친척 아주머니의 떡을 사 주어야 하겠지만 친척 아주머니의 떡값이 싸지 않으면 다른 사람에게 산다는 뜻이다. 인간은 자신의 이익을 먼저 생각하는 이기적인 동물이라는 이야기다.

혈연, 지연, 학연을 이야기하지만
자신의 이익 앞에서는
혈연, 지연, 학연도 힘 발휘하지 못하더라.

안 먹겠다고 침 뱉은 우물물 다시 먹게 된다

다시는 사용하지 않으리라 생각했던 것을 나중에 다시 사용하게 됨

침 뱉는 행위는 다시는 쳐다보지 않고 사용하지도 않겠다는 다짐의 행동이다. 다시는 먹을 일 없을 것이라 생각하여 침까지 뱉은 우물을 훗날 다시 찾아가게 된다는 뜻으로, 다시는 상대하지 않을 것이라 생각했던 사람을 다시 찾아가 부탁하게 되는 경우에 쓰는 표현이다.

누군가가 보게 되었다면
얼마나 겸연쩍었을까?
얼마나 부끄러웠을까?
어떤 경우에도 큰소리쳐서는 안 되는 이유다.
다시 먹게 된 것이 잘못 아니라
침 뱉은 것이 잘못이다.

안방에 가면 시어머니 말이 옳고
부엌에 가면 며느리 말이 옳다

각자의 말은 모두 일리가 있기 때문에
옳고 그름을 가리려 해서는 안 됨

시어머니 말을 들으면 며느리가 잘못한 것으로 생각되지만 며느리 말을 들으면 시어머니가 잘못한 것으로 생각된다는 뜻이다. 인간은 누구나 자신에게 불리한 내용은 빼고 자신에게 유리한 내용만 이야기하기 때문에 한쪽 말만 듣고 판단해서는 안 된다는 말이다.

원고나 피고 한쪽 이야기만 듣고 판결하는 재판은
원천 무효다.
한쪽 말만 듣고 판단해버리는 것처럼
어리석고 잘못된 결론 내리기는 없다.

앉아서 주고 서서 받는다

빌려주기는 쉬우나 돌려받기는 어려움

앉아 있는 일은 쉽고 서 있는 일은 어렵다. 돈을 빌려줄 때는 앉아서 주지만 돌려받을 때에는 서서 받는다는 뜻으로, 빌려주기는 쉽지만 돌려받기는 어렵다는 이야기다.

사람이 거짓말할 수도 있지만
돈이 거짓말하는 경우가 더 많다.
가까운 사람끼리 돈 거래
해서는 안 되는 이유다.

알 까기 전에 병아리 세지 마라

일이 성사되기도 전에 이익을 따지는 것은 좋지 않음

닭이 알을 품었다 해서 모든 알에서 병아리가 나오는 것은 아니다. 알에서 병아리가 나오기 전에 병아리 숫자를 세는 것은 어리석은 일이라는 뜻으로, 무슨 일이 이루어지기도 전에 그 이익에 대해 계산하는 것은 현명하지 못한 행동이라는 말이다.

골인을 외치려는 순간
수비수 다가와 공 낚아채버렸다.
성적 좋게 받게 될 상황 가정하여
부모님께 요구할 사항 적느라
시험공부 시간 흘려보내고 말았다.

앞길이 구만리 같다

아직 젊기 때문에 큰일을 해낼 수 있는 시간은 충분함

'앞길'은 집이나 마을 앞에 있는 길이지만 여기에서는 '앞으로 가야할 길' 또는 '장차 살아갈 길'이라는 의미이고 '구만리'는 아득하게 먼 거리다. 앞으로 펼쳐질 미래가 많이 남아 있기 때문에 희망 가지고 노력하라는 격려의 말이다.

앞길이 구만 리 아닌 구억만 리 일지라도
가겠다는 의지 가지고 있지 못하다면
한 걸음도 갈 수 없다는 사실
지천명(知天命) 되기 전에 알았다면 참 좋았을 것.

약방에 감초

모든 일에 빠지지 않고 끼어듦

'약방'은 약방문(藥方文)의 준말로 약을 처방하기 위하여 약의 이름과 분량을 적은 처방전이다. '감초(甘草)'는 단맛이 나는 식물인데 쓴맛을 줄이기 위해 모든 약 처방전에 반드시 넣는다. 모든 처방전에는 감초가 빠지지 않고 들어간다는 뜻으로, 어떤 일에나 빠지지 않고 끼어드는 사람이나 물건을 일컫는 표현이다.

얼마나 힘들까 약방의 감초
얼마나 좋을까 약방의 감초
얼마나 부끄러울까 약방의 감초
얼마나 자랑스러울까 약방의 감초

양반은 얼어 죽어도 짚불은 안 쬔다

양반은 아무리 궁하거나 다급한 경우라도 체면 깎일 일은 하지 않음

'짚불'은 지푸라기를 태워서 얻은 불로 화력이 약하고 불꽃도 오래 가지 않으며 볼품도 없다. 조선시대 양반은 체면을 중시했기 때문에 얼어 죽을지라도 짚불은 쬐지 않으려 했다. 체면을 목숨만큼 중요하게 생각하는 사람을 일컬을 때 쓰는 표현이다.

자존심 잃으면 모든 것 잃은 거라고?
옳은 말이다.
실리를 따지지 않으면 삶 자체가 불가능하다고?
옳은 말이다.
정답 없는 세상, 참 힘들다.

얕은 내도 깊게 건너라

사소한 일에도 조심하고 경계해야 함

깊은 냇물을 건널 때에는 조심하면서도 얕은 냇물을 건널 때에는 가소롭게 여겨 조심하지 않는 경우가 많다. 얕은 냇물이라 해서 우습게 보고 조심하지 않으면 재앙을 당한다는 뜻으로, 작고 쉬운 일이라는 이유로 신중하지 않고 조심하지 않으면 후회하게 된다는 이야기다. '돌다리도 두들겨 보고 건너라'도 같은 의미다.

실패의 가장 큰 원인은
상대를 얕잡아 보는 것과
일을 가볍게 생각하여 조심하지 않는 것.

어른 말을 들으면 자다가도 떡이 생긴다

지혜가 풍부한 어른의 말을 귀담아들으면 이익을 얻을 수 있음

어른은 오랜 시간 많은 경험을 쌓아왔기 때문에 젊은이보다 풍부한 지혜를 가지고 있다. 지혜가 많은 어른들의 의견을 참고하면 적은 노력으로도 좋은 결과물을 얻을 수 있다는 뜻으로, 어른들의 지혜를 활용하면 실수를 줄일 수 있을 뿐 아니라 여러 가지 이익을 얻게 된다는 이야기다.

'무시하지 마세요. 저도 알 건 다 알아요',
'참견하지 마세요. 제 일은 제가 알아서 할게요'
라고 중얼거렸었다. 아홉 살 때.
'제가 아직 어려서, 경험이 부족해서 잘 모릅니다.
어르신 의견 참고하고자 찾아왔습니다'
라며 두 손 모았다. 마흔아홉 살 때.

어린애 매도 많이 맞으면 아프다

대수롭지 않은 손해도 겹치면 큰 손해가 됨

어린아이가 때리는 매는 간지러움에 가깝지만 많이 맞다 보면 아픔을 느낀다는 뜻이다. 작은 손해도 계속 쌓이게 되면 큰 손해가 된다는 이야기다.

큰 주먹 한 방에 쓰러지는 권투선수도 있지만
가벼운 주먹 여러 방에 쓰러지는 권투선수도 있다.
사기꾼에게 재산 몽땅 빼앗기는 가정도 있지만
술값, 담뱃값, 복권값에 무너지는 가정도 있다.

어미 팔아 동무 산다

친구 사귀는 일이 매우 중요함
사람은 누구나 친구가 있어야 함

어머니를 팔아 그 돈으로 친구를 사귄다는 뜻으로, 친구가 어머니보다 중요하다는 의미로 해석할 수도 있지만 어머니만큼 친구도 중요하다는 의미로 해석하는 것이 좋다. 친구를 중요하게 생각하라는 말이고 사람에게는 친구가 반드시 필요하다는 이야기다.

엄마의 사랑으로 채울 수 없는 빈자리 있다.
친구다.
엄마 사랑만으로 부족한 그 무엇이 있다.
친구 역할이다.
엄마도 진즉 지켰던 세상의 규칙이다.

언 발에 오줌 누기

잠깐 효력이 있을 뿐 오래가지는 못함
임시방편

언 발에 오줌을 누게 되면 잠시 따뜻함을 느끼지만 곧바로 더 큰 추위를 느끼게 된다. 잠깐의 효력은 있지만 근본 해결 방법은 될 수 없는 일을 일컫는 표현이다.

창피하지만
나도 그런 적 많다.
앞으로도 그런 일 또 저지를 것 분명하다.
부끄럽기만 하다.

엎드려 절 받기

요구하여 대접받음

자기에게 이로운 일을 하도록 알려주거나 요구함

자신이 엎드려 절함으로써 상대방도 엎드려 절하도록 만든다는 뜻으로, 대접받기 위한 목적으로 먼저 대접한다는 말이다.

절 받고 싶어서가 아니라

그 사람 갈등 없애주려는 베풂이었고

서운한 감정 씻어주기 위한 배려였다.

엎지른 물

바로잡거나 돌이킬 수 없는 실수

그릇에 담긴 물은 엎어져 쏟아지게 되면 다시 주워 담을 수 없다는 뜻으로, 돌이킬 수 없거나 바로잡을 수 없는 상황을 일컫는 표현이다. 한 번 저지른 잘못은 고치거나 되돌릴 수 없으니 모든 일에 항상 신중해야 한다는 이야기다.

슬퍼하지 않아도 된다.
사람들은 남의 일 쉽게 잊어버린다.
절망하지 않아도 된다.
우리에겐 아직 엄청난 또 다른 물이 남아 있다.

엎친 데 덮친다

어려운 일, 불행한 일, 곤란한 일이 겹쳐서 일어남

'엎치다'는 엎어지다는 의미고 '덮치다'는 위에서 내리누른다는 의미다. 엎어져서 아프고 힘든 상태인데 그 위에 무엇인가가 내리누른다는 뜻으로, 힘든 상황에 처해 있는데 또 다른 힘든 상황이 찾아와 고통스럽다는 이야기다.

엎친 데 덮친 것. 괜찮다.

훈련이라 생각하면 되니까.

강하게 만들려는 조물주의 뜻이라 생각하면 되니까.

보아라. 현재 멋지게 활동하는 사람들

하나같이 엎친 데 덮친 과정 견뎌낸 사람들 아니더냐?

여름에 하루 놀면 겨울에 열흘 굶는다

때를 놓치지 말고 부지런히 일해야 함

씨 뿌리는 봄과 열매를 거둬들이는 가을만 바쁜 게 아니라 곡식을
가꾸어야 하는 여름도 바쁘기는 마찬가지다. 여름에 농작물 가꾸
는 일 소홀히 하게 되면 가을에 수확량이 적어서 겨울에 굶을 수
밖에 없다는 뜻으로, 훗날을 위해서라도 일할 기회가 주어졌을 때
열심히 일해야 한다는 말이다.

하루 일해 하루 행복할 수 있다 해도
고민할 일 아닌데
하루 일해 열흘 행복할 수 있다는데
고민할 이유 어디 있겠는가?

여자가 한을 품으면
오뉴월에도 서리가 내린다

여자라는 이유로 함부로 대하지 말아야 하고
원한 사는 일도 하지 말아야 함

'한'은 억울하고 원통한 일을 당하여 원망과 슬픔이 응어리진 마음이다. '서리'가 무서운 것의 상징으로 쓰이는 이유는 식물을 시들게 만드는 성질 때문이다. 여자는 남자에 비해 온순하지만 한 번 마음 틀어져서 원한을 품게 되면 서리 내린 것처럼 매섭고 독한 분위기를 만들게 된다는 이야기다.

누구나 그러하다.
여자뿐 아니라 어떤 동물도 한을 품으면 서리 만들어낸다.
누군가에게 한 품도록 만드는 일은
스스로를 불행하게 만드는 어리석은 짓이다.

열 길 물속은 알아도
한 길 사람 속은 모른다

사람의 속마음을 헤아려 알기란 매우 어려움

'길'은 길이의 단위로 사람의 키 정도를 가리킨다. 물속 상황은 아무리 깊을지라도 알아낼 수 있지만 사람의 속마음은 어떤 노력으로도 알아내기 어렵다는 이야기다.

굳이 알 필요 있는가?
무작정 잘해주면 되는 것 아닌가?
속마음 알려는 데 쓰는 에너지
관심과 사랑 베푸는 데 더 쓰면 좋은 것 아닌가?

ㅇ

열 번 찍어 안 넘어가는 나무 없다

아무리 어려운 일일지라도 끊임없이 노력하면 이루어낼 수 있음

'찍는다'는 도끼로 내리친다는 의미고 '열 번'은 '여러 번'이라는 의미다. 아무리 크고 단단한 나무라 할지라도 여러 번 찍게 되면 넘어가지 않을 수 없는 것처럼 아무리 어려운 일일지라도 노력하면 해낼 수 있다는 이야기다. 아무리 고집 센 사람일지라도 여러 번 권하거나 꾀고 달래면 마음을 변화시킬 수 있다는 말이기도 하다.

확신 있다면
백 번 찍기도 어려운 일 아닐 수 있지만.
믿음 없이는
열 번 찍기, 쉬운 일 결코 아니다.

열 사람이 지켜도 도둑 한 사람 못 막는다

여러 사람이 함께 살필지라도 한 사람의 나쁜 짓을 막아낼 수 없음

아무리 단단히 감시할지라도 온갖 교묘한 수단을 동원하는 도둑은 막아내기는 어렵다는 뜻이다. 아무리 애를 써도 한 사람의 나쁜 짓은 막아내기 어렵다는 말이고 막아내지 못한 사람 탓하지 말고 나쁜 짓 한 사람 욕해야 한다는 이야기다.

열 사람은 목숨 걸지 않았고
한 사람은 목숨을 걸었다.
열 사람은 머리 싸매지 않았고
한 사람은 머리 질끈 동여맸다.
열 사람은 서로에게 미루었고
한 사람은 온전하게 자신이 해내야 한다고 생각했다.

열 손가락 깨물어 안 아픈 손가락 없다

모든 자식은 다 귀하고 소중한 존재임

깨물었을 때 아프지 않은 손가락 없는 것처럼 모든 자식은 부모에게 아픔을 주는 존재라는 뜻으로, 정도의 차이는 있을지라도 자식을 사랑하고 걱정하는 마음은 모든 부모의 본능이라는 이야기다.

예쁜 짓 했기에 순간적으로 좀 더 예뻐했을 뿐이고
미운 짓 했기에 잠깐 덜 예뻐했을 뿐이다.

열두 가지 재주 가진 놈 저녁거리가 없다

여러 방면의 재주를 지닌 사람은 경제적으로 어렵게 생활함

많은 재주를 지녔다는 것은 완벽한 재주가 하나도 없다는 이야기다. 여러 가지 재주를 기르려면 한 가지 재주 기르기에 시간 적게 투자할 수밖에 없고 그렇게 되면 어느 한 가지 재주도 완벽하게 키울 수 없게 된다. 여러 가지 재주 키우는 것보다 한 가지 재주 완벽하게 키우는 것이 현명하다는 이야기다.

축구, 배구, 농구, 야구, 태권도, 수영에
시간 분산 투자하지 말고
오직 하나의 종목에 시간도 열정도 집중 투자하라.
메달 정말로 목에 걸고 싶다면.
한 가지 진짜 재주 갖기 위해선
다른 재주에 눈 돌릴 시간 없는 것이니.

염불에는 맘이 없고 잿밥에만 맘이 있다

자기에게 맡겨진 일에는 정성 쏟지 않고 이익 챙기는 일에만 몰두함

'염불'은 '생각 염(念)', '부처 불(佛)'로 부처님의 공덕을 생각하면서 불교 경전을 암송하는 일이고 '잿밥'은 불공할 때 부처 앞에 놓는 음식이다. 중요한 일인 염불에는 정성 쏟지 않고 염불 후에 돌아올 잿밥(이익)만 생각한다는 뜻으로, 자기가 해야 하는 일에는 관심 두지 않고 차지할 이익에만 마음 두는 이기적 행동을 비난하는 말이다.

월급 받는 기쁨은 두 번째고
일하는 기쁨이 첫 번째인 일
그 일 찾아 떠나는 여행이면 참 좋겠다.

옛말 그른 데 없다

오랜 시간 전해 내려오는 말은 전부 옳음

옛말은 예로부터 전해 내려오는 말이고 예로부터 전해 내려오는 말은 한 개인의 순간적인 생각이 아니라 대다수 사람이 오랜 경험을 통해 만들어낸 지혜 덩어리다. 옛말은 대다수 사람이 오랜 시간 공감하여 만든 말이기에 진리일 가능성이 크다는 뜻으로, 옛말에서 지혜 찾는 것이 현명하다는 이야기다.

옛말은
어느 한 사람만의 의견 아니고
하루아침에 뚝딱 만들어진 생각도 아니며
누군가의 강요로 만들어진 이야기는 더더욱 아니다.

오뉴월 겻불도 쬐다 나면 서운하다

당장에는 쓸모없거나 하찮은 것일지라도 없어지고 나면 서운함

'오뉴월'은 음력 오월과 유월이고 여름 한철을 일컫고 '겻불'은 겨 (벼 껍질)를 태울 때 생기는 하찮은 불이다. 여름이니까 쬘 이유도 없고 쬐어보았자 따뜻하지도 않은 불이지만 쬐다가 그만두면 아 쉽고 서운하다는 뜻으로, 하찮은 것일지라도 있다가 없어지면 아 쉽고 생각난다는 이야기다.

귀찮다는 생각 들었는데
막상 만날 수 없게 되자 다시 만나길 원했던 경험
그대도 적지 않았을 것 같은데.

오는 말이 고와야 가는 말이 곱다

상대편이 곱게 말해야 자기도 곱게 말하게 됨
말은 항상 점잖고 부드러워야 함

나에게 오는 말이 고와야 상대방에게 가는 말도 곱게 된다는 뜻으로, 받은 만큼 주게 되고 베푼 만큼 받게 되는 것이 세상의 이치라는 이야기다.

오는 말 곱지 않아도
가는 말 계속 곱게 하면
다시 오는 말은 고울 수밖에 없을 것인데.

오얏나무 아래에서 갓을 고쳐 쓰지 말라

남에게 의심받을 행동은 하지 말아야 함

오얏나무는 자두나무다. 자두나무 아래에서 갓을 고쳐 쓰기 위해 손을 올렸는데 멀리에서 보는 사람은 자두를 따기 위해 손을 올린 것으로 오해한다는 뜻이다. 오해하는 사람이 잘못이지만 오해받을 행동을 한 사람도 현명하지 못하다는 말이고 오해받을 행동을 해서는 안 된다는 이야기다.

오해한 사람 정말 나쁘지요. 인정합니다.

그러면, 오해받을 행동을 한 사람은 나쁘지 않나요?

왜 하필 오얏나무 아래에서 갓 고쳐 쓰느냐고요?

오얏나무 밑으로 가지 말아야 하고

어쩔 수 없이 가야 했다면 손 올리지 말아야지요.

그래요. 알아요. 세상 사는 것 쉬운 일 아니에요.

당신도 오해한 적 적지 않았을 것 같은데요.

오이는 씨가 있어도 도둑은 씨가 없다

배고프면 누구라도 도둑질하기 마련임

오이는 씨앗의 영향으로 똑같은 오이가 나오지만 도둑질은 유전자의 영향을 받아서가 아니라 배고프거나 순간적 유혹을 견디지 못하면 누구라도 하게 된다는 뜻이다. 굶주린 상황에 처하거나 순간적 욕망을 자제하지 못하면 누구라도 도둑놈이 될 수 있다는 이야기다.

도둑맞는 황당한 일 겪고 싶지 않다면
배고픈 사람에게
먹을 음식 나누어주면 되는데.

ㅇ

옷은 새 옷이 좋고 사람은 옛 사람이 좋다

오래 사귄 사람이 좋음

물건은 새롭게 만든 것이 좋고 사람은 오래 사귄 사람이 좋다는 뜻으로, 오랜 시간 사귀어서 서로에 대해 잘 알고 정분 두터워진 사람이 편하다는 이야기다.

나랑 맞는 사람 있고 나랑 맞지 않는 사람 있을 뿐.
좋은 사람 나쁜 사람 따로 있는 것은 아니다.
지금도 만나고 있는 사람 만나고 있는 이유는
좋은 사람이어서가 아니라
나랑 맞는 사람이기 때문
나랑 오랜 시간 맞춰왔기 때문.

외삼촌 산소에 벌초하듯

정성 들이지 않고 마지못해 형식적으로 흉내만 냄

'벌초'는 무덤의 잡초를 제거해 깨끗하게 단장하는 일이다. 부계사회에서 외삼촌은 벌초해야 할 대상은 아니다. 해야 할 의무도 없고 하고 싶은 마음도 없는 상태에서 억지로 하게 되면 건성으로 할 수밖에 없다는 뜻으로, 정성 없이 대충대충 하는 행동을 비꼬는 표현이다.

외삼촌이 어때서?
큰아버지와 외삼촌의 차이가 뭔데?
강요된 편견이 만든 관습 아닌가?

외상이면 소도 잡아먹는다

뒷일은 생각하지 않고 우선 당장 좋은 것만 택함

'외상'은 값은 나중에 치르기로 하고 물건을 사고파는 일이고 '소 잡는 일'은 대갓집 잔치 때에나 가능한 엄청난 소비(?) 행위였다. 지금 당장 대가를 치르지 않아도 된다는 이유로 생각 없이 덤빈 다는 뜻으로, 훗날의 문제 상황은 생각하지 않고 현재의 쾌락만을 위해 일을 저질러버리는 어리석은 행동을 비난하는 말이다.

하루살이도 아닌데
하루살이처럼 행동하는 사람들 많다.

우는 아이 젖 준다

요구하여야 얻을 수 있음

아이가 울어야만 엄마가 아이의 배고픔을 알아차리고 젖을 준다
는 뜻이다. 말하지 않으면 사정을 알 수 없기 때문에 도움을 줄 수
없다는 말이고 표현해야만 원하는 바를 얻을 수 있다는 이야기다.
표현하여 알리는 것이 중요하다는 이야기다.

표현하여야 한다.
말하지 않아도 내 마음 알아줄 것이라는 생각처럼
바보 같은 생각은 없다.
넌 얼마나 남의 마음 알아주었느냐?

우물 안 개구리

세상이 넓다는 사실을 알지 못하는 사람

소견이 좁은 사람

'우물'은 물을 얻기 위해 땅을 파 지하수가 고이도록 만든 시설인데 그 우물 안에 들어가게 되면 보이는 것은 둘러싸인 돌멩이와 하늘의 일부분뿐이다. 우물 안에 있는 개구리는 보고 경험할 수 있는 것이 부분적이라는 뜻으로, 전체는 모르고 부분만 아는 어리석음을 일컫는 표현이다.

우물 안에 빌딩, 자동차 없다 해서

이 지구에 빌딩, 자동차 없는 것 아니고

우물 안에 미국, 유럽 없다 해서

지구 위에 미국, 유럽 없는 것 아니다.

아는 것보다 모르는 것이 몇 천만 배 더 많다.

우물에 가 숭늉 찾는다

일의 순서도 모르고 성급하게 덤빔

성격이 매우 급함

'숭늉'은 밥을 지은 솥에서 밥을 퍼낸 다음에 물을 붓고 데운 물이다. 숭늉을 만들려면 쌀을 씻어 밥을 해야 하고 밥을 퍼낸 다음에 물을 붓고 데워야 하기에 적잖은 시간이 필요하다. 차례를 무시하고 성급하게 덤비는 행동을 비꼬는 말이고 일의 앞뒤를 가리지 못한 채 매우 조급해하고 서두르는 사람을 비난하는 말이다.

우물에서 숭늉 절대 찾을 수 없다.

만약 찾았다면 가짜 숭늉일 뿐.

순서 건너뛰어서 이룰 수 있는 일

현실에서는 거의 없다.

우선 먹기는 곶감이 달다

나중에는 어찌 되든 당장 좋은 것만 취함

지금 곶감을 먹어버리면 명절이나 잔칫날에는 먹을 곶감이 없어 난감하게 된다는 사실을 생각하지 않는다는 뜻으로, 훗날의 어려움은 생각하지 않고 당장 이익이 되는 것만 취하는 어리석음을 비꼬는 말이다. 당장 하기 쉽고 편한 일만 선택해서는 안 된다. 현재 좋고 편한 것이 나중에는 나쁘고 불편한 것이 될 수 있다는 이야기다. 곶감을 훔쳐 먹는 순간은 달콤함 때문에 기분이 좋지만 훔쳐 먹은 사실이 발각되는 날에는 야단을 맞아야 한다는 해석도 가능하고, 곶감은 껍질을 벗기거나 칼로 자르지 않아도 바로 먹을 수 있어 좋지만 변비의 원인이 될 수도 있기 때문에 사실은 좋지 않는 것이라는 해석도 가능하다.

곶감 훔쳐 먹은 6시간 후에
종아리에서 피가 났다.
곶감 훔쳐 먹은 60년 후에
면역력 떨어졌고 당뇨 생겨났고
골다공증 생겼고 비만 생겼다.

울며 겨자 먹기

하기 싫은 일을 마지못해 어쩔 수 없이 함

'겨자'는 겨자씨로 만든 매운맛의 양념이다. 맵긴 하지만 울면서도 겨자를 먹는다는 뜻으로, 하기 싫은 일을 어쩔 수 없이 하는 경우에 쓰는 표현이다.

처자식 때문에 울며 겨자 먹는다.
부모님 때문에 울며 겨자 먹는다.
울며 겨자 먹기 때문에
세상 굴러가는 것이다.

웃는 낯에 침 뱉으랴

좋게 대하는 사람에게는 나쁘게 대할 수 없음

미소 지으며 다가오는 사람에게는 큰 잘못을 저질렀을지라도 함부로 대하지 못한다는 뜻이다. 웃음 띠는 사람에게는 잘못에 대해 모질게 굴 수 없다는 말이고 미소는 인간관계를 좋게 만드는 만병통치약이라는 이야기다.

어린아이 똥 싸더라도 미워할 수 없는 것처럼
미소 띠며 다가오는 사람
주먹으로 대할 순 없는 일 아닌가?

원님 덕에 나팔 분다

남 덕택에 자기까지 덩달아 호강하게 됨

'원님'은 오늘날의 시장이나 군수에 해당하는 조선시대 지방 관리고 '나팔'은 나팔꽃 모양의 금관악기다. 원님이 행차하게 되면 나팔을 불곤 했던 일에서 나온 말이다. 사또와 동행한 덕분에 호화스러운 대접을 받는다는 뜻으로, 다른 사람 덕분에 대접받게 되었을 때 쓰는 표현이다.

내 능력만으로 내 행복 만드는 것 아니고
내 실수만으로 내 불행 만드는 것도 아니다.

원수는 외나무다리에서 만난다

꺼리고 싫어하는 대상을 피할 수 없는 곳에서 만남

나쁜 짓 하면 재앙을 피하기 어려움

'원수'는 자기에게 해를 끼쳐 원한이 맺힌 사람이고 '외나무다리'는 중간에서 누군가를 만나면 비켜갈 수 없는 한 개의 통나무로 만든 다리다. 마주치고 싶지 않은 사람을 피할 수 없는 곳에서 만나게 되면 당혹스럽다는 뜻으로, 나쁜 짓하면 언젠가 재앙을 만난다는 말이고 원수 만들지 말아야 한다는 이야기다.

외나무다리에서 원수 만나는 것보다

무서운 꿈 있을까?

친구 100명 만드는 일보다

원수 1명 만들지 않는 일이 더 중요하지 않을까?

원숭이도 나무에서 떨어진다

익숙하여 잘하는 일도 실수할 때가 있음

나무 타기를 잘하는 원숭이지만 실수로 나무에서 떨어질 때도 있다는 뜻으로, 일을 아주 잘하는 사람도 때로는 실수할 수 있다는 말이다. 자신의 실수에 속상해하지 말아야 하고 주위 사람들의 실수에 관대해야 한다는 이야기다.

실수는
다시 힘낼 수 있는 원천이고
겸손해질 수 있는 출발점이며
성공할 수 있는 근본이다.
실수에 슬퍼하지 않아도 되는 이유고
실수를 비웃지 말아야 하는 이유다.

윗물이 맑아야 아랫물이 맑다

윗사람이 올바르면 아랫사람도 올바르게 됨

물은 위에서 아래로 흐르기 때문에 아랫물은 윗물의 영향을 받지 않을 수 없다. 윗물이 맑으면 아랫물도 맑게 된다는 뜻으로, 윗사람이 잘하면 아랫사람도 잘하게 된다는 이야기다.

해맑은 미소 띠는 자녀 보고 싶다면
내가 먼저 해맑은 미소 지으면 된다.
말로써 가르침은 효과 제로고
행동으로 가르침이 효과 제대로다.

음지가 양지 되고 양지가 음지 된다

나빴다가 좋아질 수 있고 좋았다가 나빠질 수 있음

길흉화복(吉凶禍福)은 돌고 도는 것임

음지였던 곳이 양지 되고 양지였던 곳이 음지 되는 것이 세상 이치라는 뜻으로, 사람은 시간과 장소와 상황에 따라 좋고 나쁨이 수시로 뒤바뀐다는 말이다. 현재 궁핍해도 언젠가 잘살 수 있는 날이 온다는 이야기고 현재 누리고 있는 행복도 언젠가 사라질 수 있다는 이야기다.

음지를 양지 만들고 양지를 음지 만든 것은

재미있게 살라는 조물주의 배려다.

아무리 비싸고 맛있는 음식도 계속 먹으면 맛없는 법이고

10 대 0의 경기보다 5 대 4의 경기가 훨씬 재미있는 법이다.

이 없으면 잇몸으로 산다

있던 것이 없어지면 불편하긴 하지만 살아갈 수는 있음

이가 있어야 음식물을 잘 씹을 수 있지만 이가 없다 해도 잇몸이 있기 때문에 음식을 못 먹게 되는 것은 아니라는 말이다. 최선책을 사용할 수 없다면 차선책이라도 찾아 실행하는 것이 현명하다는 이야기고 연구하고 찾아보면 방법은 반드시 있다는 이야기다.

자가용 없어도 괜찮다.
버스 타면 되고 걸어가도 된다.
재산 없어도 괜찮다.
국가가 기초생활은 보장해준다.
유명 강사에게 배우지 못해도 괜찮다.
책과 동영상 얼마든지 많고 많다.

옆집 처녀 믿다가 장가 못 간다

믿지 못할 일을 믿고 기다리다가 다른 기회마저 놓쳐버리는 어리석음
자신의 생각만을 믿다가 오히려 일을 망치고 낭패를 봄

옆집 처녀는 자신과 결혼할 생각을 해본 적 없는데 자기 혼자만
옆집 처녀가 자기와 결혼해주리라 생각하여 장가가지 않고 기다
리다가 옆집 처녀가 시집을 가버리자 낭패를 보았다는 이야기다.
자기 혼자만의 지레짐작으로 기대를 가지고 있다가 일을 망치고
난처하게 되어버린 경우를 비꼬는 표현이다.

얼굴 다르고 지문 다르고 목소리 다른 것처럼
세상 사람들 마음도 다 각각 다르다.
옆집 처녀 맘이 내 맘과 같을 리 절대 없다.

이웃집 며느리 흉도 많다

가까이 있는 사람의 결점은 더 많이 눈에 띄게 됨

멀리 있는 사람은 만남의 기회가 적기 때문에 흉거리를 찾아낼 수 없지만 울타리 너머에 있는 옆집 며느리는 일거수일투족이 다 공개되기 때문에 흉거리도 많이 노출될 수밖에 없다는 뜻이다. 가까운 사이에는 단점이 잘 드러날 수밖에 없다는 이야기다.

먼 동네 며느리
흉 없는 게 아니라 흉 모르는 것이다.
친구 마누라, 친구 남편
단점 없는 게 아니라 단점 모르는 것이다.

입술이 없으면 이가 시리다

하나가 망하면 다른 하나도 피해를 입게 됨

입술은 입으로 들어가는 찬바람을 막아주는 역할을 하기 때문에 입술이 없으면 이가 시릴 수밖에 없다. 서로 밀접한 관계에 있는 것 중 하나가 실패하면 다른 하나도 그 영향을 받아 실패하기 쉽다는 이야기다.

평생 모르고 산다.
입술의 고마움.
부모님 돌아가신 후에야 알게 된다.
부모님 사랑.

입에 쓴 약이 병에는 좋다

충고나 비판은 듣기에 거북스럽지만 받아들이면 이롭게 됨

건강에 좋은 약은 입에 쓴 것처럼 자기에게 이로움 주는 충고는 귀에 거슬리는 법이라는 뜻이다. 충고가 거슬리기는 하지만 실제로는 성공과 행복의 자양분이 된다는 말이고 충고를 고맙게 받아들이라는 이야기다.

약을 쓰게 만든 이유는
견딘 자만이 살아남으라는
조물주의 뜻.

입은 거지는 얻어먹어도
벗은 거지는 못 얻어먹는다

의복이 남루하면 대접받지 못함

몸이나 옷이 더러운 거지에게는 동냥도 주지 않는다는 뜻으로, 남의 도움을 받고 싶다면 옷차림부터 깨끗해야 한다는 말이다. 외모가 반듯해야 호감도 사고 대우도 받게 된다는 이야기다.

더러운 거지에게는 1천 원만 주어도 괜찮다 생각하고
반듯한 거지에게는 최소 5천 원은 주어야 한다고 생각한다.
불쌍히 여기는 마음 위에 우뚝 서 있는
더러움 싫어하는 마음.
더러우면 더러운 만큼 대접받고
반듯하면 반듯한 만큼 대접받는다.

입이 여럿이면 쇠도 녹인다

여러 사람이 힘을 모으면 무슨 일이든 해낼 수 있음

여러 사람이 같은 이야기를 하면 단단한 쇠도 녹일 수 있다는 뜻
으로, 많은 사람이 의견을 같이하면 못해낼 일이 없다는 말이다.
여론의 힘이 무섭다는 이야기고 여러 사람이 힘을 합하면 못해낼
일 없다는 이야기다.

세 사람이면 없는 호랑이도 만들어버릴 수 있단다.
한 사람이 말했을 때에는 믿지 않았는데
세 사람이 같은 말 하게 되니까 믿어버리더란다.
큰소리로 여러 번 말해도 들은 척 않았는데
같은 내용의 말 세 사람이 하니까 고개 끄덕이더란다.

자는 범 코침 주기

가만히 내버려두면 아무 일 없었을 텐데
괜히 건드려 재앙을 불러일으킴

자고 있는 호랑이를 못 본 척 지나쳤다면 아무 일 없었을 텐데 괜히 호랑이 코에 침을 주어 화를 입었다는 뜻이다. 하지 않아도 될 일을 괜히 해가지고 스스로 재앙을 불러일으켜버린 어리석음에 대한 비판이다. '긁어 부스럼'도 같은 의미다.

침묵이 두려워 생각 없이 했던 말이
엄청난 재앙의 뿌리가 될 수 있다.
위로해준답시고 덧붙인 말이
분노 일으키고 영원한 이별 가져올 수 있다.

자라 보고 놀란 가슴 솥뚜껑 보고 놀란다

어떤 일에 크게 놀란 경험이 있으면
그와 비슷한 일만 생겨도 지레 겁먹고 몸을 사리게 됨

'자라'는 사람의 손가락에 큰 상처 줄 정도로 강한 이빨을 가진 동물이고 '솥뚜껑'은 자라의 등처럼 까맣고 주름진 모습을 한 취사도구다. 자라에게 물려본 경험이 있는 사람은 그 트라우마 때문에 솥뚜껑만 보아도 자라를 본 것으로 착각해 놀란다는 뜻으로, 무엇에 크게 놀란 경험이 있는 사람은 그와 비슷한 것만 보아도 겁을 낸다는 이야기다.

그 정도 일에 왜 그렇게 놀라느냐 야단치지 말고
놀랄 수 있다는 사실 인정해준 다음에
솥뚜껑 분리수거장에 내던져버릴 수 있어야 한다.
사랑한다면.

자식 곁 낳지 속은 못 낳는다

자식일지라도 속마음은 알 수 없음
자식의 성품이나 속마음은 부모와 관련이 없음

부모가 자식의 속마음까지 만든 것은 아니라는 뜻으로, 부모라 해서 자식의 생각까지 좌지우지할 수 없다는 말이다. 좋지 못한 생각을 품어도 부모가 알 수 없다는 이야기고 난폭한 성격도 부모와 관련 없다는 이야기다.

너의 생각이 네 부모님 생각과 달랐던 것처럼
네 자식의 생각 역시 너의 생각과 다를 수밖에 없다.
속상해하지 않아도 되는 이유다.

자식 기르는 법 배우고 시집가는 계집 없다

상황에 맞닥뜨리게 되면 배우지 않고도 잘해낼 수 있음

자식 낳는 법 배우지 않아도 자식 잘 낳을 수 있고 자식 기르는 법 배우지 않아도 자식 잘 길러낼 수 있다는 뜻으로, 배우지 않아도 상황에 맞닥뜨리면 잘 해낼 수 있다는 말이다. 미리 걱정할 필요 없다는 이야기고 배우는 것이 능사가 아니라는 이야기다.

배우지 않아도
곁눈질 통해서
또 연구함으로 스스로 실력 키워낼 수 있다.
시간이 가르쳐주기도 하고
실패가 가르쳐주기도 한다.
실력 향상의 가장 좋은 방법은
탐구와 실패를 통한 스스로의 터득이다.

자식 둔 골은 범도 돌아본다

생명 있는 모든 존재의 자식 사랑은 본능임

자식 있는 골짜기는 사나운 호랑이까지도 신경쓰고 살펴본다는 의미다. 난폭한 호랑이도 자식 사랑 애틋한데 사람이야 굳이 말할 필요가 있겠느냐는 뜻이다. 자식 사랑은 본능이기 때문에 그 누구도 말릴 수 없고 말려서도 안 된다는 이야기다.

자식 사랑은 명령이다.
종족을 유지하라는
조물주의 준엄한 명령이다.

ㅈ

작게 먹고 가는 똥 누어라

지나친 욕심 버리고 평범하게 사는 것이 행복임

'작게 먹는다'는 욕심부리지 않는다는 의미고 '가는 똥 눈다'는 소박하게 생활한다는 의미다. 조금 벌어서 조금 쓰는 것이 현명하다는 말이고 부귀영화 누리는 삶보다 평범한 삶이 더 행복하고 아름답다는 이야기다.

재벌 회장님도 때론 라면 먹고 싶어 한다.
장관 국회의원도 때론 자전거 타고 시골길 달리고 싶어 한다.
가늘고 작은 것이 즐거움이고 행복이다.

작은 며느리 보고 나서
큰 며느리 무던한 줄 안다

먼저 있던 사람의 좋은 점은 뒷사람을 겪어보고 나서야 비로소 알게 됨

'무던하다'는 성질이 너그럽고 수더분하다는 뜻이다. 작은 며느리의 행동이나 성격을 보고 난 후에 비로소 큰 며느리가 좋은 줄 알게 되었다는 뜻으로, 먼저 사람의 좋은 점은 뒷사람을 겪어본 다음에 비교를 통해서만 알 수 있다는 말이다. 하나로는 올바른 판단이 불가능하고 다른 것과 견주어야만 올바른 판단이 가능하다는 이야기다.

가장 어리석은 질문은
하나만 가져다 놓고
크냐 작으냐 좋냐 나쁘냐를 묻는 일이다.
크고 작은 것도 상대적이고
좋고 나쁜 것도 상대적인데.

ㅈ

잔솔밭에서 바늘 찾기

아무리 노력해도 성공할 가능성이 거의 없음

성과 없는 헛수고

'잔솔밭'은 어린 소나무가 많이 있는 곳이다. 바늘은 잔솔과 모양이 비슷하기 때문에 잔솔밭에서 바늘 찾기는 불가능에 가까운 일이다. 아무리 노력해도 성공하기 힘든 일을 일컫는다.

포기해선 안 된다는 말에 고개 끄덕이곤 했는데

이제는 고개 끄덕이지 않으련다.

바늘 찾는 에너지로 바늘 살 돈 벌면 된다는 사실 깨달았기 때문.

잘되면 제 탓 못되면 조상 탓

잘된 일은 자신의 공로라 이야기하고 잘못된 일은 남에게 책임을 전가시킴

일이 뜻대로 잘 풀리면 자신의 능력이나 노력 때문이라 떠벌리고
실패하게 되면 다른 사람의 잘못 때문이라 이야기한다는 뜻이다.
성공하면 자기 공을 앞세우고 실패하면 다른 사람을 탓하는 인간
의 비겁한 심리를 꼬집는 표현이다.

명문대 졸업했어도 초라하게 사는 사람 있고
대학 구경 못했음에도 멋지게 사는 사람 많다.
잘되도 자기 능력, 자기 노력 때문이고
못되도 자기 능력 부족, 자기 노력 부족 때문이다.
명문대 졸업생 중에 성공한 사람 많다고?
명문대 졸업했기 때문 아니라
명문대 입학할 능력과 노력 때문이겠지.

ㅈ

잠결에 남의 다리 긁는다

자기를 위한다며 한 일이 오히려 남만 이롭게 만듦

비몽사몽 상태에서 가려움을 느껴 자신의 다리를 긁는다고 긁었는데 알고 보니 남의 다리를 긁고 있더라는 뜻으로, 자신을 이롭게 한다고 했던 일이 엉뚱하게 다른 사람을 이롭게 한 일이 되고 말았다는 이야기다.

의도치 않게 하게 된 착한 일도
착한 일인 것은 분명하다.

잠을 자야 꿈을 꾸지

원인 없이 결과를 바랄 수 없음

잠을 자야 꿈을 꿀 수 있다는 뜻으로, 씨앗을 뿌려야 열매 거둘 수 있고 원인 행위 있어야 결과물 만들어낼 수 있다는 이야기다.

농구 선수가 골 넣지 못하는 이유 중 하나는
림을 향해 공 던지지 않았기 때문이고
갑돌이와 갑순이가 결혼하지 못한 결정적 이유는
고백하지 않았기 때문이다.
씨 뿌리지 않고 거두려고만 덤비는 사람 너무 많다.

잠자코 있는 것이 무식을 면한다

말하지 않고 있으면 무식함이 드러나지 않음

잠자코 있으면 내가 잘 아는지 모르는지 다른 사람이 확인할 수 없기에 무식함 드러나지 않지만 잘 알지도 못하면서 아는 체하게 되면 무식함 드러나 망신당하기 쉽다는 뜻이다. 잘 알지 못하는 일에 대해서는 말하지 않는 것이 현명하다는 이야기다.

자기 말이 옳았을 때의 기쁨은 10점이고
틀렸을 때의 망신, 고통, 괴로움, 부끄러움은 90점이다.
말해서 옳을 확률 90% 넘어야
겨우 손해 보지 않는 장사 되는 것이다.

장구를 쳐야 춤을 추지

곁에서 북돋우며 거들어주는 사람이 있어야 일을 더 잘할 수 있게 됨

춤을 추기 위해서는 흥이 있어야 하는데 장구는 흥을 돋우는 악기다. 장구도 쳐주지 않으면서 춤추라 해서는 안 된다는 뜻으로, 어떤 일을 하도록 하려면 환경이나 조건을 갖춰주어야 한다는 이야기다.

추임새 있어야 더 열심히 하고 싶어진다.
칭찬받아야 기쁜 맘으로 땀 흘리고 싶어진다.
칭찬과 응원만큼 크고 아름다운 배터리는 없다.

ㅈ

장님 코끼리 말하듯

일부분만 알면서 전체를 알고 있는 것처럼 말하는 어리석음

코끼리는 덩치가 큰 동물이어서 장님(시각장애인)이 한 번에 만질 수 있는 부분은 극히 일부분이다. 장님이 코끼리를 만졌다 해도 코끼리에 대해 안다고 말해서는 안 되는 이유다. 코끼리의 일부분을 만져보았다는 이유로 코끼리에 대해 올바르게 안다고 이야기할 수 없다. 부문만 알면서 전체를 안다고 말하는 것은 잘못이라는 이야기다.

보았다고 본 것 아닌 경우
들었다고 들은 것 아닌 경우
만졌다고 만진 것 아닌 경우 참 많다.
거짓말인 줄 모르고 거짓말하는 경우도 적지 않다.

장대로 하늘 재기

가능성 전혀 없는 일을 무모하게 감행하는 어리석음

장대는 아무리 길어도 30m를 넘지 않지만 하늘까지의 높이는 끝이 없다. 끝없는 하늘의 높이를 장대를 가지고 재려 한다는 뜻으로, 가능성 전혀 없는 일을 시도하는 무모함을 일컫는 표현이다.

장대로 하늘 재보겠다고 덤비는 사람
비웃지 말고
말리지도 마라.
실패를 통해 장대 이상으로 성장할 것 분명하니.

ㅈ

장수 나자 용마 났다

훌륭한 사람이 좋은 때를 만남

'장수'는 군사를 거느리는 우두머리고 '용마'는 매우 잘 달리는 용감한 말이다. 훌륭한 장수가 태어났을지라도 좋은 말이 없다면 능력을 발휘할 수가 없는데 훌륭한 장수가 태어나자 마침 훌륭한 말이 나타났다는 뜻이다. 훌륭한 사람이 좋은 상황이나 사람을 만났을 때 사용하는 표현이다.

장수 나자 용마 난 게 아니고
장수 나기를 용마가 기다려준 것 아닐까?
열심히 하면 도와주려고
하늘도 땅도 기다리고 있었던 것 아닐까?

재주는 곰이 넘고 돈은 되놈이 받는다

땀 흘린 사람은 이익 보지 못하고 땀 흘리지 않는 엉뚱한 사람만 이익을 봄

'되놈'은 중국인을 낮잡아 부르는 말이다. 중국인이 곰을 데리고 와서 재주를 부리도록 한 후 구경꾼에게 받은 돈을 곰에게는 조금도 주지 않고 혼자서 몽땅 차지했다는 뜻이다. 수고하여 일한 사람은 이익을 보지 못하고 엉뚱한 사람만 이익을 챙기게 되었을 때 쓰는 표현이다.

정치, 경제, 사회, 문화, 음악, 미술, 체육
몽땅 발전했는데
재주는 곰이 부리고 돈은 되놈이 차지하는 이 나쁜 짓거리는
아직도 고쳐지지 않고 있다.

ㅈ

저 먹자니 싫고 남 주자니 아깝다

몹시 인색하고 욕심이 많음

자기가 먹기는 싫은데 남 주려고 하니 아까운 생각이 든다는 뜻으로, 몹시 인색하고 욕심 많음을 일컫는 표현이다. 인색하고 욕심 많은 사람을 비꼬는 말이다.

영어, 수학이 공부인 게 아니라
'저 먹자니 싫고 남 주자니 아깝다'를
'저 먹고 싶지만 남 주어야겠다'로 바꾸는 것이 공부다.

적게 먹으면 약주(藥酒)고
많이 먹으면 망주(妄酒)다

술은 적당히 마시는 것이 좋음

술은 혈액순환을 도와주고 기분도 좋게 만들어주기 때문에 적당히 마시면 약이 될 수 있지만, 많이 마시게 되면 건강도 해치고 정신도 망령되게 만들기 때문에 좋지 않다는 이야기다.

세상 모든 일에서 '적당히'가 중요하지만
술 마시기에서는 더더욱 '적당히'가 중요하다.
기분 좋은 상태
거기서 끝낼 수 있어야 멋쟁이다.

ㅈ

절하고 뺨 맞는 일 없다

겸손하게 대하면 봉변당하는 일은 없음

'절한다'는 남에게 겸손하게 대한다는 의미고 '뺨 맞는다'는 욕먹거나 봉변당한다는 의미다. 남에게 친절하고 겸손하게 대하면 괄시받거나 봉변당하는 일 없이 편안하게 지낼 수 있다는 말이고 사람을 사랑하고 용서해야 행복 만날 수 있다는 이야기다.

뺨 맞지 않을 뿐 아니라
빵까지 얻을 수 있다.
공손하게 절하는 일 잘하기만 하면.

제 것 주고 뺨 맞는다

남에게 잘해주고도 오히려 피해를 당함

자기 것을 주는 은혜 베풀었음에도 보답받기는커녕 오히려 공격 당했다는 뜻으로, 잘해주고도 손해를 보았다는 말이다. 배려하고 은혜 베풀었음에도 배신당했을 경우에 쓰는 표현이다.

제 것 주고 뺨 맞아 슬프다고?

그래도 또 주는 것이 좋다.

제 논에 물 대기

자기에게만 이롭도록 행동함

논농사에는 물이 매우 중요하기 때문에 모내기 전부터 물을 확보하기 위한 싸움이 이웃 간에 치열했고 자기 논에 물 대기 위해서는 어떤 일도 마다하지 않는 경우가 많았다. 자기 논에 물 대는 것만 중요하게 생각한다는 뜻으로, 남이야 어찌 되든 상관하지 않고 자기에게만 이롭도록 생각하고 행동함을 일컫는 표현이다.

이기심은 우주의 법칙이란다.
할아버지, 어머니도 그랬더란다.
욕하지 말고 비웃지도 말고
즐거운 마음으로 받아들여야 한단다.
인간의 본능이라 중얼거릴 수 있어야 한단다.

제 눈에 안경

하찮은 것일지라도 자기 마음에 들면 좋다고 생각함

안경은 각자의 눈 상태에 따라 다를 수밖에 없고 아무리 비싸고 품질이 뛰어나다 할지라도 자신의 눈에 맞지 않으면 가치가 없다. 제 눈에 맞는 안경이라야 좋은 안경이라는 뜻으로, 남에게는 보잘 것없는 사람이나 물건일지라도 제 마음에 들면 좋은 것이라는 이야기다.

제 눈에 안경 아니었더라면
너도 나도 결혼 못했을 것 같은데.
제 눈에 안경 아니었더라면
인류는 진즉 지구에서 사라졌을 것인데.
참 대단하신 조물주 님이시다.

제 똥 구린 줄 모른다

자기의 결점은 자기가 알아차리기 어려움

'구리다'는 더럽고 지저분하다는 의미다. 자기가 싼 똥은 더럽거나 지저분하다고 생각하지 않는 게 인간 심리라는 이야기다. 자신의 허물은 인식하지 못하거나 크게 문제 될 것 없다고 생각하는 자기 중심적 태도에 대한 비판이다.

제 똥 구린 줄 알게 된다면
화장실 가는 일이 교도소 가는 기분 아닐까?
참 고마운 조물주 님이시다.

제 발등의 불 먼저 끄고 아비 발등의 불 끈다

어려운 일을 당하면 자신의 이익을 가장 먼저 생각함

불이 났을 때 자기 발등의 불을 먼저 끈 다음에 아버지 발등의 불을 끈다는 뜻으로, 위급한 상황을 만났을 때 본능적으로 자기 이익을 먼저 챙긴다는 말이다. 인간은 본질적으로 자기중심적이라는 이야기이다.

이해하고 받아들여라.

이 또한

조물주가 만든 작품일지니.

너 역시 마찬가지일지니.

제 버릇 개 줄까

나쁜 습관은 고치기 어려움

자신의 나쁜 버릇은 개에게도 줄 수 없다는 뜻으로, 버릇 고치는
일은 불가능에 가까운 어려운 일이라는 말이다. 성격이나 버릇을
고치겠다며 아등바등할 필요 없다는 이야기다.

교육이란 버릇 고치기인데
버릇 고치기는 입막음에서 시작된다.
입막음 위해서는 책 읽어야 하고
생각하고 또 생각해야 한다.

제 살이 아프면 남의 살도 아픈 줄 알아라

자신의 경우를 견주어서 남의 사정도 헤아릴 줄 알아야 함

자신의 아픔만 아픔으로 여길 뿐 남의 아픔은 아픔인 줄 모르는 경우가 많다. 누군가의 공격에 아픔을 느꼈다면 자신의 공격에 누군가도 아플 수 있다는 사실을 알아야 한다는 뜻으로, 자신의 경우에 견주어 남의 사정도 이해할 줄 알아야 한다는 이야기다.

제 자식 귀한 줄 알면 남의 자식 귀한 줄도 알아야
제 부모 소중한 줄 알면 남의 부모 소중한 줄도 알아야
제 돈 아까운 줄 알면 남의 돈 아까운 줄도 알아야
제 삶 중요한 줄 알면 남의 삶 중요한 줄도 알아야.

ㅈ

제 팔자 개 못 준다

타고난 운명은 버릴 수 없고 바꿀 수도 없음

'팔자'는 한평생의 운수고 '개 못 준다'는 누구에게도 줄 수 없다는 의미다. 자신이 태어나면서 가지게 된 운명은 노력으로 바꿀 수 있는 것이 아니라는 이야기다.

틀린 속담 또 있구나.

노력하면

팔자 열 번도 넘게 개에게 줄 수 있는데.

제 흉 열 가지 가진 놈이
남의 흉 한 가지를 본다

많은 흠을 가진 사람이 자신의 결점은 모른 체하면서
남의 작은 결점만 비난함

많은 사람들에게 날마다 욕먹는 사람이 남의 작은 잘못을 들추면서 흉본다는 뜻이다. 자신의 잘못은 감춘 채 남만 흉보는 못된 사람을 비꼬는 말이다.

비웃으려다가
비웃지 못하고 말았다.
누군가 날 비웃을지 모른다는 생각
슬그머니 찾아왔기에.

제비는 작아도 강남 간다

작은 사람이라는 이유로 업신여겨서는 안 됨

'강남'은 중국 양쯔강의 남쪽 지방이다. 체구가 작은 제비이지만 겨울이 되면 수천 킬로미터 떨어진 강남까지 날아간다는 뜻으로, 체격이 작을지라도 제 할 일은 잘해낸다는 말이다. 작다는 이유로 업신여기거나 무시해서는 안 된다는 이야기다.

좁은 도로를 만났다.
큰 차는 되돌아갔고 작은 차는 지나갔다.
치과의사 선생님
손 작게 만드는 약 있다면 먹고 싶다 했다.

존대하고 뺨 맞지 않는다

남에게 공손하게 대하면 나쁜 일이 생기지 않음

'존대(尊待)'는 존중하는 마음으로 받들어 대한다는 의미고 '뺨 맞
다'는 폭행당하다 또는 망신당하다는 의미다. 공손하고 예의 바르
면 봉변당하는 일 없다는 이야기다.

존경도 명예도 행복도 자신이 만들고
미움도 형벌도 고통도 자신이 만든다.

종로에서 뺨 맞고 한강에서 눈 흘긴다

엉뚱한 곳에 가서 화풀이함

'종로'에서 뺨을 맞았는데 그 자리에서는 위세에 눌려 또는 더 맞게 될까 염려되어 아무 말 못하다가 한강까지 가서야 죄 없는 강물을 향해 눈을 흘긴다는 뜻이다. 억울한 일을 당한 사람이 그 자리에서는 아무 말 못하고 엉뚱한 곳에 가서 화풀이한다는 이야기다. 강한 사람에게는 꼼짝 못하면서 약한 사람에게만 화를 내는 비겁함을 비꼬는 표현이다.

종로에서 뺨 맞고 한강에 가서 눈 흘기는 그 못난 행동
내 마음에서 아직 쫓아내지 못하고 있다.

종을 부릴려면 주인이 먼저 종 노릇해야 한다

남을 부리기 위해서는 그 사람의 고충을 잘 알아야 함

종을 잘 부려먹으려면 먼저 종의 어려움을 알아야 한다는 뜻이다. 누군가에게 일을 시키려면 그 사람에 대해 알아야 하고, 그 일에 대해 알아야 하며, 그 일의 어려움에 대해서도 알아야 한다는 말이다.

알아야 한다.
아는 것이 우선이다.
남 부리는 일 아무나 하는 것 아니고
아무런 준비 없이 하는 것도 아니다.

ㅈ

좋은 소리도 세 번 하면 듣기 싫다

아무리 좋은 말일지라도 여러 번 반복해서 말하는 것은 좋지 못함

아무리 좋은 말이라 해도 여러 번 들으면 듣기 싫어지는 것이 인간 심리다. 쓴소리는 물론 단소리까지도 반복해서 듣는 것은 짜증 나는 일이라는 이야기다.

가르치면 알게 된다 생각하고
배우면 알게 된다 생각한다.
여러 번 말하면 고쳐지리라 생각하고
여러 번 듣게 되면 고쳐지리라 생각한다.

주러 와도 미운 놈 있고
받으러 와도 고운 사람 있다

사람을 좋아하고 미워하는 감정은 이치로만 따질 수 없음

나에게 무엇인가 주려고 온 사람은 예뻐야 하는데 미운 경우가 있고, 나에게 무엇인가 빼앗으러 온 사람은 미워야 하는데 예쁜 경우가 있다는 뜻이다. 인간의 감정은 상식에 따르지 않는 경우가 있다는 말이고 사람의 기분은 상대와 상황에 따라 수시로 달라진다는 이야기다.

물질이 중요하지 않은 것 아니지만
물질 앞에 자리 잡고 있는 무엇인가가
분명히 있더라.

주머닛돈이 쌈짓돈

그 돈이 그 돈이기 때문에 구별할 필요가 없음

'쌈지'는 담배나 부시 등을 담기 위해 종이나 헝겊 가죽 등으로 만든 작은 주머니다. 자신의 주머니에 있는 돈이나 자신의 쌈지에 있는 돈이나 똑같이 자기 것이라는 뜻으로, 이것과 그것이 같기 때문에 굳이 구별할 필요가 없다는 이야기다.

쌈지에는 있지만 주머니에는 없다고 슬퍼하는 사람 있고
주머니에는 있지만 쌈지에는 없다고 허탈해하는 사람도 있다.
주머니에 없으면 쌈지에 있고
쌈지에 없으면 주머니에는 있음을 알지 못한다.
주머니에 있는 부동산 팔아서 쌈지에 옮겨놓을 생각 왜 못하는지?
쌈지에 있는 서울 아파트 처분하여 지방 아파트로 이사할 생각 왜 못하는지?
저세상으로 떠난 뒤 자식들 싸움질시키는 일인 줄 왜 모르는지?

죽 쑤어 개 좋은 일 하였다

애써 한 일이 남에게만 좋은 결과가 되었음

값비싼 재료를 듬뿍 넣어서 맛있게 죽을 쑤었는데 잠깐 다른 일 하는 사이에 개가 와서 몽땅 먹어버렸다는 뜻으로, 애써 만들어놓은 것을 엉뚱한 사람이 가져가버렸다는 말이다. 애써 한 일의 결과물을 남에게 빼앗긴 경우나 엉뚱한 사람만 이익 보게 되었을 때 쓰는 표현이다.

죽 쑤어 개 좋은 일만 시켰다고?
억울하다고?
아니야, 괜찮아. 개가 행복했잖아.
언젠가 너도
누군가 쑤어놓은 죽 맛있게 먹을 날 있을 수 있잖아.
저축해두었다 생각하고
죽 쑤어 엎어버린 것보다 낫다고 생각해.

죽어서 석 잔 술이 살아 한 잔 술만 못하다

죽은 뒤에 정성을 다하는 것보다
살아 있을 때 조금이라도 위해주는 것이 나음

죽은 뒤 제사상에 술 석 잔 바치는 것보다 살아 있을 때 한 잔 술이라도 대접해주는 것이 훨씬 낫다는 말이다. 죽은 뒤에 묘를 크게 만들고 제사를 거창하게 지내는 것보다 살아 있을 때 작은 기쁨이라도 선물해주는 것이 낫다는 이야기다.

죽은 다음 석 잔 술, 아니 삼천 잔의 술
부모님 못 잡수시고 나는 허전하고.
그러므로 지금이어야 한다.
지금 주어야 하고 지금 먹어야 하며
지금 사랑해야 하고 지금 행복해야 한다.
지금이 중요하다는 말이기도 하지만
지금 행복해야 내일도 행복하다는 말이기도 하다.

죽은 정승이 산 개만 못하다

죽어버리면 그 어떤 권력이나 명예나 부귀영화도 소용없음
살아 있음에 감사해야 함

'정승'은 국가 주요 정책을 결정하는 세 벼슬인 영의정, 좌의정, 우
의정을 일컫는데 이들은 권력뿐 아니라 명예도 부귀도 모두 가진
사람이었다. 정승일지라도 죽게 되면 살아 있는 개만 못하다는 의
미로 제아무리 큰 권세를 가졌을지라도 죽게 되면 아무 소용없는
일이 되고 만다는 이야기다.

연둣빛 가지 사이로 새의 노랫소리 들려온다.
바람과 나뭇가지의 사랑놀이 기운차다.
개미들의 기차놀이 지구 한 바퀴 돌겠단다.
살아 있는 개는 볼 수 있지만
죽은 정승은 볼 수 없는 풍경이다.

ㅈ

죽이 끓는지 밥이 끓는지 모른다

상황에 대해 전혀 알지 못함

먹을 것이 귀했던 시절에는 밥을 해먹을 형편이 되지 못하면 죽을 끓여먹곤 했다. 1인분의 쌀로 4~5인분의 죽을 끓일 수 있기 때문이었다. 집에 가족이 먹을 양식이 얼마나 있는지 전혀 관심 없다는 뜻으로, 일이 되어 가는 상황에 대해 전혀 관심 없는 사람을 비난할 때 쓰는 표현이다.

사랑은 관심인데.

죽이 끓는지 밥이 끓는지 관심 없다는 것은

사랑 없다는 이야기인데.

중이 미우면 가사도 밉다

사람이 미우면 그 사람에게 관련된 모든 것이 다 미워짐

'가사'는 승려가 왼쪽 어깨에서 오른쪽 겨드랑이 밑으로 걸쳐 입는 옷이다. 중과 가사는 별개임에도 중이 미우면 중이 입고 있는 가사까지 밉게 보인다는 뜻이다. 어떤 사람이 미우면 그 사람에게 관계된 모든 것을 몽땅 밉게 생각한다는 이야기다.

연좌제라고?

맞다. 연좌제.

그런데 어쩌나, 누구도 간섭할 수 없는 인간의 감정인데.

중이 제 머리 못 깎는다

자신의 난처한 일은 자신이 해결하기 어려움

남의 머리는 깎을 수 있지만 자신의 머리는 깎을 수 없다는 뜻으로, 자신이 직접 하기 곤란한 일은 다른 사람의 도움을 받아야 한다는 말이다. 자신의 일이어서 스스로 나서기 곤란한 상황을 일컬을 때 쓰는 표현이다.

기어코 자신의 머리니 자신이 깎겠단다.

자신이 깎을 수 있단다.

더불어 사는 세상임을 모른다.

깎아주는 기쁨 모르고

깎임당하는 시원함 모른다.

어리석음이다.

어리석은 사람처럼 불쌍한 친구 있을까?

쥐구멍에도 볕들 날 있다

몹시 고생하고 있지만 언젠가 좋은 운수 터질 날이 있음

'쥐구멍'은 쥐들이 드나들기 위해 벽에 뚫어놓은 구멍인데 작아서 햇볕이 잘 들지 않는 것이 일반적이다. 이런 작은 구멍에도 햇볕 들 날이 온다는 뜻으로, 아무리 어려운 상황에 처해 있을지라도 참고 기다리면 좋은 날이 오게 되어 있다는 말이다. 힘들고 어려운 상황일지라도 낙심하지 말고 희망을 가져야 한다는 이야기다.

산다는 것은 기다림의 연속이다.
쥐구멍에도 볕들 날 있음을 알아서 조용히 기다려야 한다.
잡초 제거하고 돌멩이 치우면서 기다려야 한다.
믿음은 기본이고
포기하지 않음도 기본이다.

ㅈ

지는 것이 이기는 것이다

지는 척하고 싸움을 그만두면 시간과 에너지를 아끼는 결과가 됨

지는 척하고 싸움을 끝내는 것이 시간과 에너지를 아낄 수 있기 때문에 이익이 된다는 뜻으로, 많은 희생을 치르고 이기는 것은 이기는 것이 아니라는 말이다. 아량 있고 너그럽게 대하면서 양보하는 것이 도덕적으로 승리하는 것이라는 해석도 가능하고, 져주면 상대방이 더 이상 싸우려들지 않기 때문에 편안할 수 있다는 해석도 가능하다. 패배한 사람을 위로하기 위한 말이기도 하다.

맞지 않는 방법 아주 간단하다.

때리지 않으면 된다.

이기는 방법 매우 쉽다.

웃어주면 되고 져주면 된다.

지렁이도 밟으면 꿈틀한다

순하고 힘없는 사람도 괴롭힘이나 업신여김을 당하면 반항함

하찮은 미물인 지렁이지만 밟히면 꿈틀거리면서 반항한다는 뜻이다. 힘없고 약한 사람일지라도 억압당하고 업신여김당하면 가만있지 않고 반항한다는 이야기다.

백성을 억압하고 고통 주었던 권력자들만 나쁜 게 아니라
지렁이를 무시하고 지렁이를 생명으로 존중하지 않는
우리의 생각과 행동도 엄청 나쁘다.

지성이면 감천이다

정성을 다하면 어려운 일도 이루어낼 수 있음

'지성'은 '지극할 지(至)', '정성 성(誠)'으로 지극한 정성이라는 의미고 '감천'은 '감동할 감(感)', '하늘 천(天)'으로 하늘을 감동시킨다는 의미다. 지극한 정성은 하늘도 감동시킨다는 뜻으로, 최선을 다하면 이루지 못할 일이 없다는 이야기다.

지성(至誠)이라 해서 항상 감천(感天)인 것 아니지만
감천(感天)은 언제나 지성(至誠)을 필요조건으로 한다.
지성이었음에도 감천하지 않았다고 슬퍼할 이유 없다.
지성 그 자체만으로도 가치 충분하니까.

집에서 새는 바가지 밖에서도 샌다

성품이 나쁜 사람은 어디를 가나 그 나쁜 본성을 꼭 드러냄

'바가지'는 박을 타서 속을 긁어낸 다음 말려서 만든 용기다. 플라스틱이 없던 시절에 바가지는 물이나 곡식을 푸거나 담는 데 활용한 유용한 도구였는데 쉽게 깨지거나 금이 가곤 했다. 한 번 금이 간 바가지는 어디에서든 샐 수밖에 없다는 뜻으로, 사람의 나쁜 본성은 장소가 바뀐다 해도 변하지 않는다는 이야기다.

당연한 것 아닌가?
그 바가지가 그 바가지인데.
집이나 학교에서 공부하지 않는 학생
학원 간다고 열심히 공부할 리 없지 않는가?
한국에서 못하는 공부
미국 간다고 잘하게 될 까닭 없지 않는가?

ㅈ

짚신도 제 짝이 있다

아무리 못난 사람일지라도 어딘가에 자신의 배필은 있음

'짚신'은 짚으로 만든 신발인데 만들기 쉽고 볼품도 없으며 값도 싸다. 이런 짚신이지만 어딘가에는 반드시 짝이 있다는 말이다. 보잘것없는 짚신도 짝이 있는데 어찌 사람이 짝이 없겠느냐는 뜻으로, 현재 동반자 없음은 아직 만나지 못했을 뿐이기 때문에 걱정할 일이 아니라는 이야기다.

남녀 성비

옛날에도 지금도

이상하게도 희한하게도 1 대 1에 가깝다.

대한민국도 유럽도 아프리카도

이상하게도 희한하게도 1 대 1에서 크게 벗어나지 않는다.

짚신 만드는 사람

짚신 짝 맞춰서 세상에 내놓았을 것 분명하다.

찬밥 두고 잠 아니 온다

대수롭지 않은 일에 마음이 끌려 괴로워하면서도 단념하지 못함

근심 걱정 있을 때도 잠 오지 않지만 미련 있을 때도 잠 오지 않는다. 대수롭지 않은 찬밥이지만 누가 먹어버릴지 모른다는 걱정 때문에 잠을 이룰 수 없다는 뜻으로, 보잘것없는 것에 미련을 두고 괴로워하는 어리석음을 일컫는 표현이다.

5분 빨리 가려고 좌로 우로 고개 돌려댄다.
고기 한 점 더 먹으려고 섭지 않고 넘긴다.
1천 원 넣을까 2천 원 넣을까 고민하고 또 고민한다.
참 옹졸한 내 모습 발견하고 쥐구멍 찾는다.

참새가 방앗간 그냥 지나랴

자기가 좋아하는 것이나 이익이 되는 일은 그냥 지나치지 못함

'방앗간'은 곡식을 찧거나 빻는 곳인데 곡식을 찧거나 빻다 보면 바닥에 쌀, 보리 등이 많이 떨어질 수밖에 없다. 곡식이 널려 있는 방앗간이기에 참새가 방앗간을 그냥 지나칠 리 없다는 뜻으로, 자신에게 이익 되는 일 만나면 그냥 지나치지 못하는 인간 심리를 표현한 말이다.

참새만 그냥 지나치지 못하는 것 아니라
모든 새가 그냥 지나치지 못한다.
참새 잘못 49%이고
방앗간 주인 잘못 51%다.

참새가 황새걸음 하면 다리가 찢어진다

분수도 모른 채 능력을 넘어선 일을 하게 되면 손해를 보게 됨

참새가 황새만큼 빨리 걷겠다는 욕심을 내게 되면 가랑이가 찢어지는 재앙을 만나게 된다는 뜻이다. 자기의 처지나 능력은 생각하지 못한 채 분수에 넘치는 일을 하게 되면 낭패를 보게 된다는 이야기다.

참새는 참새대로 재주와 매력이 있고
황새는 황새대로의 재주와 매력이 있다.
욕심부리지 마라.
'참새답게', '황새답게'가 지혜로움이고 아름다움이다.

참을 인(忍) 자 셋이면 살인도 피한다

화나는 일이 있더라도 참고 또 참으면 더 큰 재앙은 피할 수 있음

화나서 참을 수 없는 상황일지라도 참고 또 참으면 돌이킬 수 없는 실수는 하지 않는다는 뜻이다. 분통 터질지라도 참게 되면 더 큰 재앙 피할 수 있고 원만한 해결도 가능하다는 이야기다.

"그때 참기 참 잘했어"라고 중얼거린 경우는 많아도
"그때 괜히 참았어"라고 중얼거린 경우는 거의 없다.
지혜로운 사람과 지혜롭지 못한 사람의 차이는
참느냐 참지 못하느냐의 차이다.

처녀가 애를 낳아도 할 말이 있다

큰 실수를 저지른 사람에게도 변명할 말은 있음

옛날엔 처녀가 아이 낳는 일이 용서받지 못한 큰 죄였다. 처녀가 아이 낳는 것이 자랑할 일은 아니지만 나름의 속사정이 있을 것이니 무조건 비난만 해서는 안 된다는 뜻이다. 아무리 큰 잘못을 저질렀을지라도 비난하기보다는 그 사람 입장에서 이해해 줄 수 있어야 한다는 이야기다.

귀 기울여주고 고개 끄덕여주고
손잡아주고 함께 울어주는 사람
가족 말고 두 사람만 더 있다면
그는 참 행복한 사람이다.

천 냥 빚도 말로 갚는다

말은 어떻게 하느냐가 매우 중요함

엄청 많은 빚도 말을 잘하게 되면 탕감받을 수도 있으니 말은 곱고 부드럽게 해야 한다는 이야기다. 말을 잘한다는 것은 내용이 논리적이고 타당할 뿐 아니라 어조, 말투, 억양, 시선, 표정, 몸짓 등을 적절하게 처리하는 것까지 포함된다.

말로 행복 만들 수 있고
말로 불행 만들 수 있다.
세상을 움직이는 건 돈, 주먹, 권력 아니라
말이다.

천 리 길도 한 걸음부터

아무리 큰일도 하찮은 일에서부터 시작됨
시작하는 것이 중요함

천 리 길 가는 것도 한 걸음 떼는 일에서부터 시작된다는 뜻으로, 일단 시작을 해야 목표에 도달하게 된다는 말이다. 시작하는 것이 중요하다는 이야기고 처음부터 좋은 결과를 기대해서는 안 된다는 이야기다.

무시하지 말고 두려워하지도 마라.
우습게 여기지 말고 불가능하다고 이야기하지도 마라.
한 걸음 떼기만 하면
천 리 길 가는 것 어려운 일 절대 아니다.

철들자 망령난다

인간은 철들지 못한 채 삶을 마감함

세상 이치에 대해 조금 알았다는 생각이 들자 늙어서 정신이 흐려지게 되었다는 뜻으로, 인간은 철들지 못한 상태로 죽는다는 말이다. 인간은 너나없이 늦게 철든다는 이야기다.

열두 살 때도 철들었다고 생각했었다.
마흔 살에는 정말 철들었다는 자신 있었다.
회갑 앞둔 어느 날에 아직 철들지 않았음 깨달았다.
철들어보지 못한 채 죽는 게 인생임을 알게 되었다.

첫술에 배부르랴

처음부터 만족스러울 수 없음
한 번으로 완성할 수 없음

한 숟가락 먹어서 배부를 수 없다는 말이다. 처음부터 만족할 수
없다는 뜻으로, 처음부터 1등 하겠다는 욕심 버려야 한다는 말이
다. 오랫동안 계속해야 잘할 수 있게 된다는 이야기고 실력도 우
정도 사랑도 인간관계도 짧은 시간에 만들어지는 것이 아니라는
이야기다.

욕심인가? 어리석음인가?
첫술에 배부르길 기대하다니?
한 번으로 가능한 일 없다는 사실 모르고 있다니.

초년고생은 사서라도 한다

젊은 시절의 고생은 삶의 거름이 되는 것이기에 반드시 필요함

고생하는 시간 동안 쌓인 인내심, 사고력, 창의성, 절제력 등은 훗날 삶을 성숙하게 만드는 자산이 된다는 뜻으로, 고생은 피해야 하는 일 아니라 돈을 주고라도 경험해야 하는 일이라는 말이다. 젊었을 때 일부러 고생할 필요가 있다는 이야기고 고생을 경험해야만 훗날 넘어졌을 때 웃으며 쉽게 일어날 수 있다는 이야기다.

조사해보면 쉽게 알 수 있다.
뜻을 이룬 사람들 중에 젊은 날에 고생했던 사람들 많다는 사실
인간다운 사람들 중 상당수는 젊었을 때 고생했던 사람이었다는 사실
젊은 날의 고생은
행복한 미래 만드는
선택 과정 아닌 필수 과정이라는 사실.

초상난 데 춤추기

때와 장소를 분별하지 못하고 경망스럽게 행동함
인정 없고 심술궂음

장례식장에서 즐겁게 춤추는 것은 예의에 어긋나고 인간으로서 해서는 안 되는 행위다. 상황을 파악하지 못하는 어리석음이나 인정 없고 심술궂은 행동을 일컫는 말이다.

내 방식대로만 살 수는 없다.
때로는 다른 사람들의 행동도 살펴보아야 한다.
더불어 사는 데 필요한 덕목 중 하나는
공감이라 했다.

ㅊ

초상집 개 같다

초췌한 모습으로 이 집 저 집 돌아다니며 빌어먹음

초상집의 상주는 가족이 죽은 슬픔에 정신이 없다. 밥도 제대로 먹지 못하는 상황이기에 개에게 밥 챙겨줄 여유도 없다. 초상집 개는 제대로 얻어먹지 못하고 관심도 받지 못해 초라한 모습으로 이곳저곳 헤매고 다닐 수밖에 없다는 뜻으로, 제대로 먹지 못해 초췌한 모습으로 이리저리 헤매고 다니는 사람을 비유로 일컫는 말이다.

초상집 개 같은 사람도
우리 함께 손잡고 가야 할 사람.
무시하고 상대해주지 않으면
언젠가 나에게 주먹질할 가능성 큰 것이니.

취중에 진담 나온다

술에 취하여 하는 말이 사실은 진심인 경우가 많음

하고 싶었던 말이었지만 관계가 깨질까 두려워 마음속에 감춰두 었던 말이 술에 취해 절제되지 못한 상황에서 나온다는 뜻으로, 술에 취해 하는 말이 사실은 속마음이라는 말이다. 취중에 하는 말을 오히려 귀담아들어야 한다는 이야기다.

진짜 참모습은
혼자 있을 때 드러나고
진심은
술 취해 빗장 열릴 때 세상으로 나온다.

ㅊ

친구 따라 강남 간다

별로 하고 싶지 않은 일을 남이 하니까 덩달아 함

강남에 갈 일이 없음에도 친구가 가니까 생각 없이 따라간다는 뜻
이다. 계획 없었고 갈 이유 발견하지 못했으며 하고 싶은 마음까
지 없었음에도 주위 사람이 하니까 생각 없이 덩달아 하는 줏대
없는 행동을 일컫는 표현이다.

심심해서 가기도 하고
어쩔 수 없어 끌려가기도 한다.
가고 싶어 가기도 하고
가는 줄도 모르고 가기도 한다.

칼로 물 베기

일시적으로 다투었으나 곧바로 화합함

칼로 물을 베면 곧바로 합쳐지고 흔적도 남지 않게 된다. 서로 으르렁거리며 다투었음에도 시간이 지나면 화해하게 되어 사이가 좋아진다는 뜻으로, 행위의 결과가 심각하지 않거나 아무런 효력이 없을 때 쓰는 표현이다. 부부싸움, 사랑싸움, 동기간 싸움을 일컬을 때 많이 쓴다.

그 무서운 칼로도 절대 떼어놓을 수 없다.
그래서 부부고 그래서 동기간이다.
이해되지 않아서 부부고 희한해서 피붙이다.

ㅋ

콩 심은 데 콩 나고 팥 심은 데 팥 난다

어떤 원인이 있으면 반드시 거기에 걸맞은 결과가 생겨남

콩 심은 곳에 콩이 나고 팥 심은 곳에 팥이 나는 것은 지극히 당연한 이치다. 원인이 있으면 거기에 따르는 결과가 반드시 생긴다는 이야기다.

콩 심어놓고 팥 기다리는 사람 적지 않고
팥 심어놓고 콩 기다리는 사람 적지 않다.
슬프고 안타까운 상황 너무 자주 만난다.

콩으로 메주를 쑨다 해도 곧이듣지 않는다

거짓말을 자주 해왔기 때문에 바른 말을 해도 믿지 않음

'쑨다'는 곡식의 낱알이나 가루를 물에 끓이거나 익히는 일이고 '곧이듣지 않는다'는 믿지 않는다는 의미다. 콩으로 메주를 쑤는 것은 분명한 사실임에도 그것마저도 믿지 못하겠다는 뜻으로, 믿음이 조금도 생기기 않는다는 이야기다.

믿지 못하는 사람의 잘못인가?
믿지 못하도록 만든 사람의 잘못인가?
장난으로 말한 사람의 잘못인가?
장난으로 받아들이지 못한 사람의 잘못인가?

큰 말이 나가면 작은 말이 큰 말 노릇한다

윗사람이 없으면 아랫사람이 그 일을 대신하게 됨

큰 말만이 할 수 있으리라 생각했는데 큰 말이 떠나가니까 작은 말이 큰 말이 했던 일을 잘 처리하더라는 뜻이다. 윗사람이 없으면 윗사람이 했던 일을 아랫사람이 대신하게 되는 것이니 걱정하지 않아도 된다는 말이다. 갑이라는 사람이 나가면 을이라는 사람이 그 역할을 대신하게 되는 것이니 걱정하지 않아도 된다는 이야기고 '나 아니면 안 된다'는 생각 버려야 한다는 이야기다.

스타플레이어 한 선수 은퇴했다고 추락한 축구팀 없고
교장선생님 퇴임했다고 무너진 학교도 없다.
자기 아니면 안 된다는 걱정은
어리석음이자 오만함이다.
후보 선수가 경기 승리로 이끈 경우 적지 않고
후배가 선배 능가하는 경우도 참 많다.

큰 방죽도 개미구멍으로 무너진다

작은 것이라는 이유로 무시하면 나중에 큰 화를 입게 됨

'방죽'은 물이 넘치거나 치고 들어오는 것을 막기 위해 세운 둑이고 '개미구멍'은 개미가 파놓은 작은 구멍이다. 엄청 크고 단단한 방죽도 아주 작은 구멍으로 무너지게 된다는 뜻이다. 아무리 굳세고 튼튼한 것일지라도 작은 것으로 망할 수 있는 것이니 작은 것이라는 이유로 가소롭게 여기지 말고 늘 경계해야 한다는 이야기다.

부흥하는 것도 그렇지만 망하는 것도 그렇다.
작은 것 때문인 경우가 적지 않다.
백 사람이 지켰음에도
한 사람의 공격에 주저앉은 경우 참 많다.

ㅋ

E

태산을 넘으면 평지를 본다

고생을 이겨내면 즐거운 일이 생김

'태산'은 큰 산의 대명사다. 큰 산을 넘게 되면 평평한 장소에 도달한다는 뜻으로, 고생을 이겨내면 평화와 행복 만날 수 있다는 이야기다.

평지 보는 기쁨도 작은 기쁨 아니지만
태산 넘는 기쁨은 훨씬 엄청난 기쁨이다.
태산을 만들어서라도
태산 넘어야 하는 이유다.

태산이 평지 된다

변화가 몹시 심함
세상의 모든 것이 덧없이 변함

불가능에 가까운 일이 현실이 되었다는 뜻으로, 상상하지 못했던 엄청난 변화가 일어났다는 말이다. 불가능하다고 생각했던 일이 현실이 되었을 때 쓰는 표현이다.

하루 전날까지도 헛소리라 생각했다.
200년 전, 전기(電氣)를 이야기할 때도 그랬고
150년 전, 비행기를 이야기할 때도 그랬다.
100년 전, 컴퓨터를 이야기할 때도 그랬고
30년 전, 스마트폰을 이야기할 때도 그랬다.
부정하지 말고
잘 모르겠다고 이야기해야 한다.

털어서 먼지 안 나는 사람 없다

누구에게나 조금의 허물은 있음

털게 되면 먼지 나는 것은 지극히 당연한 이치라는 뜻으로, 누구
라도 조그마한 허물은 가지고 있다는 말이다. 예수님께서 "누구든
죄없는 자, 이 여인에게 돌을 던져라"라고 하자 모두가 슬금슬금
도망쳤다는 이야기와 통하는 말이다. 이웃들의 잘못에 관대해야
한다는 이야기다.

털지 않아서 그렇지
나 역시 누군가가 조금만 털어도
먼지 엄청나게 나올 것 분명하다.
용서하고 또 용서하려고 노력하는 이유다.

털을 뽑아 신을 삼겠다

정성을 다해서 반드시 은혜를 갚음

'삼다'는 짚이나 삼실 따위를 결어서 만든다는 의미다. 자신의 머리털을 뽑아서 그 머리털로 신발을 만들겠다는 뜻으로, 자신이 가진 모든 것을 바쳐서라도 은혜에 보답하겠다는 이야기다.

머리털 뽑아 신발 만들기는커녕
지푸라기로 신발 만들어줄 마음도 없는 나는
나는 어떤 놈인가?
나같은 나쁜 사람을 만난 당신은
당신은 왜 이다지도 복이 없는가?

토끼 둘을 잡으려다가 하나도 못 잡는다

여러 가지를 욕심내면 한 가지도 이루어내지 못함

토끼 두 마리를 잡으려 욕심내게 되면 두 마리 다 놓치게 된다는 뜻으로, 이것저것 많은 것을 차지하려 욕심부리게 되면 한 가지도 얻을 수 없다는 말이다. 한 가지 일에 전념해야만 이루어낼 수 있다는 이야기다.

손 두 개
토끼 한 마리 잡기에 딱 적당
한 마리로 만족하라는 신의 명령.
그런데 두 마리 잡겠다고?
다른 사람의 몫까지 차지하겠다고?
하계 올림픽 두 종목에서 금메달 딴 선수
올림픽 역사에 한 사람도 없다던데.

티끌 모아 태산

아무리 작은 것일지라도 쌓고 또 쌓으면 큰 것으로 만들어낼 수 있음

'티끌'은 작은 것의 상징이고 '태산'은 큰 것의 상징이다. 작은 티끌도 모으고 또 모으게 되면 태산만큼 큰 것을 만들어낼 수 있다는 뜻으로, 아무리 작은 일일지라도 쉬지 않고 꾸준히 하게 되면 언젠가 엄청난 결과물을 만들어낼 수 있다는 이야기다.

어마어마하게 웅장한 건축물
출발은 돌 하나, 흙 한 줌이었다.
태산은 티끌의 모임일 뿐이다.

팔이 안으로 굽지 밖으로 굽나

자기와 가까운 사람에게 정이 더 쏠림은
어찌할 수 없는 자연스러운 일임

팔은 안으로는 쉽고 자연스럽게 굽지만 밖으로는 굽혀지지 않는 다는 뜻으로, 자기와 가까운 사람에게 정이 쏠리는 것은 자연스러 운 일이라는 말이다. 가족이나 친척이나 친한 친구에게 정을 주고 싶은 인간의 자연스러운 심리에 대한 표현이다.

요구해봤자 쓸모없는 일이다.
모든 사람 똑같이 사랑하라고
옆집 아이들에게도 관심 똑같이 가지라고.

평안감사도 저 싫으면 그만이다

아무리 좋은 일일지라도 마음이 내키지 않으면 어찌할 수 없음

'감사'는 조선시대 각 도를 관할하는 관리로 관찰사라고도 했다. 평안도는 옛날부터 주민들이 순박하여 다스리기가 편한 고을이어서 대부분의 관리는 평안감사 되기를 바랐다. 누구나 욕심내는 평안감사 자리일지라도 본인이 싫다 하면 어찌할 수 없다는 뜻으로, 아무리 좋은 일이라 해도 당사자가 마음 내켜 하지 않으면 어떻게 해볼 도리가 없다는 이야기다.

누구나 좋아하리라 생각해선 안 되고
왜 좋아하지 않는지 이해 못하겠노라 말해서도 안 된다.
평안감사 싫다 하면
그냥 고개 끄덕여주면 된다.

품속에 들어온 새는 잡지 않는다

용서 구하는 사람은 아무리 미워도 해치지 말아야 함

스스로 품안으로 들어온 새는 어떤 경우에도 잡아서는 안 된다는
뜻으로, 자신의 잘못을 스스로 인정하고 진심으로 용서를 구하는
사람은 아무리 미워도 처벌해서 안 된다는 이야기다.

품속으로 들어온 새 잡지 않아야
누군가의 품속으로 들어갔을 때 빠져나올 자격 있다.
용서해야 용서받을 자격 있다 했고
가장 좋은 선물은 용서라 했다.

품안의 자식

자식이 성장하면 부모를 떠나 제 마음대로 생각하고 행동함

자식도 자신의 품안에 있을 때만 자식처럼 행동한다는 뜻이다. 어렸을 때는 부모 뜻에 따르지만 자라서는 제 뜻대로 생각하려 하고 제멋대로 행동하려 한다는 말이고 그것을 인정해주어야 한다는 말이다. 성장해버린 자식 일에 간섭해서는 안 되고 자식을 독립된 인격체로 대해주어야 한다는 이야기다.

품안에 있을 때만 자식이다.
품안에 있을 때 자식으로 만족할 수 있어야 한다.
너 역시 네 부모님 품안에서만 자식이었다.

풍년의 거지 팔자라

남들은 넉넉한데 자신만 가진 게 없어서 더 서러움

너나없이 배고픈 상황에서의 배고픔은 서러움이 크지 않지만 남들은 모두 풍족한데 자기 혼자만 배고픈 것은 엄청 큰 서러움이다. 흉년에는 모두 배고프니까 견뎌낼 수 있지만 풍년에는 자기만 배고프니까 훨씬 더 서럽다는 말이다. 인간은 다른 사람과의 비교를 통해 행복과 불행을 느낀다는 이야기다.

혼자만의 고독은 견딜 수 있지만
군중 속의 고독은 견뎌내기 힘든 법이다.
한 개밖에 못 먹어 서러운 게 아니라
형은 두 개 먹는데 자신은 하나밖에 못 먹어 서러운 것이다.

핑계 없는 무덤 없다

모든 일에는 핑계가 있기 마련임

죽은 사람에게는 죽은 이유에 대한 핑계가 반드시 있다는 뜻이다. 별일 없어 보이고 아무 일 아닌 것 같아 보이는 일에도 나름의 이유가 있다는 말이고 어떤 일에서든 핑계를 만들어내려면 백 개라도 만들어낼 수 있다는 이야기다.

굳이 말할 필요 없다는 생각이 들어서
말해보았자 수긍해줄 것 같지 아니해서
말하면 더 초라해질 것 같아서
말하면 누군가 다칠 것 염려되어서
그래서 그냥 입 다물고 있었을 뿐이다.

하고 싶은 말은 내일 하랬다

생각을 충분하게 한 다음에 말하는 것이 현명함

당장 말하고 싶을지라도 한 번 더 생각해본 다음에 말하는 것이 좋다는 뜻이다. 생각 없이 말하면 후회하기 쉽다는 말이고 충분히 생각한 다음에 말하고 행동해야 후회하지 않는다는 이야기다.

생각하기는
한 번으론 절대 부족하고 최소 세 번은 해야 한다.
생각하고 생각하고 생각한 다음에 말해야 하고
생각하고 생각하고 생각한 다음에 행동해야 한다.
'어'를 쓸 것인가 '아'를 쓸 것인가를 고민해야 하고
'감사합니다' 말할지 '미안합니다' 말할지 고민해야 한다.

하늘은 스스로 돕는 자를 돕는다

스스로 노력하는 사람이 성공하게 됨

'스스로 돕는다'는 노력한다는 의미다. 하늘은 노력하는 사람을 도 와준다는 뜻으로, 노력하면 행운도 만들어낼 수 있지만 노력하지 않으면 행운도 도망친다는 말이다. 남의 도움이 중요한 게 아니라 자신의 노력이 중요하다는 이야기다.

뜻을 이룬 사람은 누군가의 도움을 받았는데
누군가의 도움을 받은 이유는
스스로가 스스로를 도왔기 때문이었다.
도와준 적 있는가?
어떤 사람인가?
어떻게든 해보려고 발버둥친 사람 아니었는가?

하늘을 보아야 별을 따지

성과를 거두려면 노력과 준비가 있어야 함

별을 따려면 먼저 하늘을 보아야 한다는 뜻으로, 얻기 원하는 무엇인가가 있다면 그에 맞는 준비와 노력이 있어야 한다는 말이다. 바다에 가야 물고기를 잡을 수 있고 서울에 가야 남대문을 볼 수 있는 것처럼 준비를 하고 땀을 흘려야 원하는 바를 얻어낼 수 있다는 이야기고 노력 없이는 그 어떤 것도 얻을 수 없다는 이야기다.

고백할 용기는 없지만 사랑은 받고 싶다고?
도둑놈이구나.
씨 뿌려야 열매 얻고
우물 파야 물 얻을 수 있는 것처럼
고백해야 사랑 얻을 수 있다는 사실 모르는 도둑놈이구나.

ㅎ

하늘의 별 따기

매우 어렵거나 불가능에 가까움

하늘의 별은 누구라도 가지고 싶지만 누구도 가질 수 없는 것이라는 뜻으로, 얻을 수 없고 이루기도 어려운 일을 일컫는 비유적 표현이다. 실패한 자신을 위로할 때 쓰는 말이고 노력했음에도 성취하지 못한 사람을 위로할 때 쓰는 말이다.

하늘의 별 따기 시도했다는 것만으로도
그대는 멋지고 행복한 사람이다.

하늘이 무너져도 솟아날 구멍은 있다

엄청나게 어려운 상황에서도 살아날 희망은 있음

구멍 없는 것 같지만 찾아보면 반드시 구멍이 있다는 뜻으로, 어떤 어려운 상황을 만날지라도 희망 잃지 않고 그 구멍을 통해 살아날 방법을 모색해야 한다는 말이다. 아무리 어려워도 해결 방법 있는 것 분명하니 절망하지 말고 그 방법을 찾아나서야 한다는 이야기다.

노아의 홍수 때에도 살아남은 사람 있었다.
비 오듯 쏟아지는 포탄 속에서도 누군가는 살아남았다.
5000 대 1의 경쟁률은
누군가는 합격한다는 이야기다.
솟아나려 몸부림치는 사람에게 구멍줄 내려온다.

하던 지랄도 멍석 펴놓으면 안 한다

평소에 재미있게 잘하던 일도 누군가가 시키면 하지 않음

'지랄'은 어수선하게 떠들거나 함부로 분별없이 하는 행동을 속되게 일컫는 말이다. 평소에 재미있게 잘하던 일도 무대 마련해놓고 하라면 하지 않는다는 뜻으로, 평소에 열심히 하던 일도 더 잘하라고 부탁하면 하지 않는다는 말이다. 무의식 상태에서는 잘하던 일도 관심을 받게 되면 긴장하게 되어 잘하지 못한다는 이야기로 시키면 하기 싫어지는 인간 심리에 대한 표현이다.

관심을 부담스러워하고
관심에 불편해하는 것
야단칠 일도 비웃을 일도 절대 아니다.

하루 물림이 열흘 간다

한 번 미루기 시작하면 계속해서 미루게 됨

하루 물리면 또 하루 물리게 되고 그것이 열흘 계속된다는 뜻으로, 한 번 미루게 되면 계속 미루게 된다는 말이다. 한 번이 한 번으로 끝나지 않는 경우가 대부분이기 때문에 미루는 습관을 들이지 말아야 한다는 이야기다.

지금 할까 나중에 할까 고민할 시간에
지금 해버리는 것이
현명함이다.

하룻강아지 범 무서운 줄 모른다

알지 못하여 함부로 덤비는 철없는 행동

'하룻강아지'는 태어난 지 얼마 되지 않는 어린 강아지다. 사회 경험이 적고 얕은 지식만을 가진 사람을 놀림조로 하룻강아지라 일컫기도 한다. 태어난 지 얼마 되지 않는 강아지는 호랑이가 무서운 동물임을 모르기 때문에 호랑이를 보고도 무서워하기는커녕 함부로 덤빈다는 뜻으로, 무식하면 철없는 행동을 하게 된다는 이야기다.

모르는 게 약인 경우 없는 것 아니지만
모르는 게 병인 경우가
훨씬 많다.

한 달이 크면 한 달이 작다

한 번 좋은 일이 있으면 한 번은 나쁜 일이 있음

한 달이 31일이면 그다음 달은 30일이라는 뜻으로, 한 번 좋은 일이 있으면 그다음에는 궂은일이 있게 마련이라는 말이다. 좋은 일과 나쁜 일은 반복되는 것이니 좋은 일에 지나치게 기뻐하지 말아야 하고 나쁜 일에 지나치게 슬퍼하지 말아야 한다는 이야기다.

괜찮다. 지난달엔 컸으니까.
너무 좋아하지 마라. 다음 달엔 작을 것이니까.
괜찮아. 너의 짧음 때문에 누군가는 클 테니까.
생각해. 너의 큼 때문에 누군가는 짧게 된다는 사실.

한 번 실수는 병가의 상사

한 번쯤의 실수는 누구나 할 수 있으니 낙심할 필요가 없음

'병가(兵家)'는 군대라는 의미고 '상사(常事)'는 보통의 일이라는 의미다. 한 번의 실수는 싸움하는 군대에서는 보통 일어나는 일이라는 뜻으로, 누구라도 한 번쯤은 실수나 실패를 하게 된다는 말이다. 자신의 실수에 자책하지 말아야 한다는 이야기고 남의 실수에 관대해야 한다는 이야기다.

누군가는 져야만 하는 게임이잖아.

저 친구도 한 번쯤은 이겨야 하잖아.

패배의 슬픔 알아야 승리의 기쁨 온전하게 느낄 수 있잖아.

패배해보아야 패배 안 할 수 있잖아.

한 어미 자식도 아롱이다롱이

세상에 똑같은 것은 하나도 없음

'아롱이다롱이'는 점이나 줄이 여기저기 고르지 않게 아롱졌다는 의미다. 한 어머니에게 태어난 자식일지라도 외모, 성격, 특기, 장단점 등이 각각 다르다는 뜻으로, 세상에 똑같은 것이 없다는 말이고 사람은 다 자신만의 개성을 지닌 채 살아간다는 이야기다.

한 나무에서 자란 사과임에도
크기도 맛도 제각각이더라.
부모 보면 자식 알 수 있다는 말 다 거짓말이고
선생 보면 제자 알 수 있다는 말도 몽땅 거짓말이더라.

ㅎ

한 잔 술에 눈물 난다

사소한 일에서 섭섭함이 생김

한 잔 술은 아주 사소한 것이다. 그 한 잔 술도 자기만 받지 못하면 서운하다는 뜻으로, 사소한 차별에서도 섭섭함이 생길 수 있다는 말이다. 사소한 것 때문에 섭섭할 수도 있고 기분 좋아질 수도 있다. 작다는 이유로 소홀히 해서는 안 된다는 이야기다.

아이스크림 하나에 서운해하고
커피 한 잔에 서운해하며
술 한 잔에 서운해한다.
작은 것이라 해서 작은 것 결코 아니다.

한날한시에 난 손가락도 짧고 길다

모든 조건이 같을지라도 결과는 다를 수 있음
비슷한 것들이라도 나름의 특성이 있음

같은 시간에 같은 조건에서 나왔지만 짧은 손가락 있고 긴 손가락
있다는 뜻으로, 같은 조건에서도 각기 다른 결과가 나올 수 있다
는 말이다. 같은 부모에게 태어난 형제자매도 성격과 능력에 차이
가 있다는 이야기고 다름을 인정할 수 있어야 한다는 이야기다.

달라야 함께 살아갈 수 있고
달라야 한 팀 만들 수 있다.
다름이 축복이니
다름에 감사해야 한다.

ㅎ

한술 밥에 배부르랴

한 번에 만족할 만한 결과를 얻을 수 없음

'술'은 숟가락이다. 밥 한 숟가락 먹고 배부르기를 기대해서는 안 된다는 뜻으로, 한 번의 노력으로 만족할 만한 결과가 나올 거라 바라서는 안 된다는 말이다. 땀은 적게 흘리고 열매는 많이 거둘 것을 기대해서는 안 된다는 이야기다.

한술 밥에 배 불러버리면

그 많은 시간 뭐 하며 지낼 건데.

한술 밥에 배 불러버리면

무슨 재미로 살아갈 것인데.

한식에 죽으나 청명에 죽으나

큰 차이가 없음

'한식(寒食)'은 전통 4대 명절 중 하나로 동지로부터 105일째 되는 양력 4월 5일이나 6일이고 '청명(淸明)'은 24절기의 하나로 역시 양력 4월 5일이나 6일이다. 한식과 청명이 같은 날이거나 하루 전후해서 있기에 그날이 그날이라는 의미다. 둘 사이에 차이 없음을 일컬을 때 사용하는 표현이다.

그래도 그 친구는
예비 1번으로 탈락했다고?
괜찮다.
예비 1번으로 탈락하나 예비 30번으로 탈락하나
1년 더 공부해야 하는 것은 마찬가지니까.

항우도 먹어야 장수지

배고픈 상태에서는 어떤 일도 할 수 없음
충분히 먹어야 힘을 쓸 수 있음

'항우'는 중국 진나라 말기의 장수로 힘이 엄청 센 사람이었다. 힘 세고 능력 뛰어날지라도 먹지 않으면 힘쓸 수 없다는 뜻으로, 먹는 일의 중요성을 일컫는 표현이다.

조물주께서 입을 주셨다.
감사하는 마음으로 즐거운 마음으로
먹어야 하는 이유다.

행차 뒤에 나팔

상황이 종료된 후에 하는 일은 아무런 효과가 없음

옛날 관리들이 행차할 때에는 나팔을 불었었다. 행차가 끝난 뒤에는 나팔 불 이유가 없다는 뜻으로, 일이 마무리된 뒤에 하는 일은 쓸모없는 일이라는 이야기다. 상황이 마무리된 후 뒤늦게 행동함을 비꼴 때 쓰는 표현이다.

왜 공부하지 않았을까? 학창 시절에

왜 아내 맘 몰라주었을까? 신혼 시절에

왜 아이랑 놀아주지 못했을까? 아빠 되어서

왜 살갑게 대해주지 못했을까? 부모님 살아계셨을 때

왜 용서하지 못했을까? 그 많은 기회 주어졌을 때.

혀 아래 도끼 들었다

말 한마디가 사람을 죽일 수도 있으니 항상 말조심해야 함

혀가 도끼가 되어 사람을 죽이는 무기가 될 수도 있다는 뜻으로, 말을 조심해야 한다는 말이다. 말 한마디가 사람을 죽일 수도 있다는 이야기다.

종아리 맞은 기억, 사라진 지 오래
주먹으로 맞은 기억, 희미한 그림자일 뿐.
그런데 누군가의 혀가 만들어낸
나를 무시했던 그 말
지금도 선명하게 기억해낼 수 있다.

호랑이에게 물려가도 정신만 차리면 산다

위급한 상황에 몰릴지라도 정신을 차리면 이겨낼 수 있음

호랑이에게 물려갈지라도 정신을 똑바로 차리기만 하면 살 수 있다는 뜻으로, 정신력의 중요성을 강조한 말이다.

알고 보면 정신력 싸움.

여자는 약하나 엄마는 강하다는 말도

정신력이 중요하다는 또 다른 이야기.

ㅎ

호미로 막을 것을 가래로 막는다

쉽게 처리할 수 있었던 일을 미루다가 어렵게 처리하는 어리석음

'호미'는 김을 매거나 뿌리열매 등을 캘 때 쓰는 작은 농기구고 '가래'는 흙을 파헤치거나 흙을 떠서 던질 때 쓰는 큰 농기구다. 처음에 막았다면 작은 호미로 충분했음에도 방치하다 가래로 막게 되어 큰 손해를 보았다는 뜻이다. 작은 힘으로 막을 수 있었음에도 바로 처리하지 않아 더 큰 힘을 들여야만 하는 어리석음을 비꼬는 표현이다.

다시 한 번 사고력(思考力)이다.

생각하는 힘 있어야

호미로 막을 것 호미로 막을 수 있다.

호박씨 까서 한입에 털어 넣는다

힘들여 조금씩 모았다가 엉뚱한 곳에서 한꺼번에 없애버림

호박씨를 먹기 위해서는 단단한 껍질을 한 번 더 벗겨내야 하는 수고가 든다. 껍질 벗긴 호박씨 한 주먹을 얻기 위해서는 많은 시간과 에너지가 필요한데 그렇게 얻은 호박씨를 한입에 먹어버렸다는 뜻이다. 애써 모은 것을 한순간에 없애버리는 어리석음을 일컫는 표현이다.

버스비 2천 원을 아끼기 위해
하루 3시간씩 열심히 걸었다.
모인 4만 원
삼겹살에 소주로 2시간 만에 날려버렸다.

호박이 넝쿨째로 굴러떨어졌다

생각지도 않는 좋은 일이 생기거나 좋은 물건을 얻음

호박은 열매뿐 아니라 잎과 넝쿨까지 먹을 수 있는 식품이다. 호박 얻는 것만으로도 행운인데 넝쿨까지 얻게 되었으니 일거양득(一擧兩得)이 되었다는 뜻으로, 예상치 못한 좋은 물건을 많이 얻었을 때나 좋은 일이 많이 생겼을 때 쓰는 표현이다.

호박이 넝쿨째 굴러들어온 그날 밤에
누군가가 외치는
엎친 데 덮치고 말았다는 비명소리
나는 애써 외면하고 있었다.

혹 떼러 갔다가 혹 붙여 온다

이익을 얻으러 갔다가 도리어 손해를 봄

도깨비를 속여 혹을 떼었다는 소문을 들은 혹부리 영감이 자기도 흑을 떼겠다면서 도깨비를 만나러 갔다가 오히려 혹을 하나 더 붙여 돌아왔다는 옛날이야기에서 나온 말이다. 이익을 취하려했다가 오히려 손해를 당한 경우나 부담을 덜려 했다가 다른 일까지 맡게 된 경우를 일컫는 표현이다.

천국 가겠다며 사이비 종교에 빠진 사람도
일확천금 노리고 도박에 빠진 사람도
명문대학 가겠다며 사교육에 빠진 사람도
모두 모두 혹 떼러 갔다가 혹 붙여온 사람들.

ㅎ

황소 뒷걸음치다가 쥐 잡는다

어리석은 사람이 미련한 행동을 하다가 의외의 좋은 성과를 얻어냄

미련해 보이는 황소가 아무 생각 없이 뒤로 물러서다가 우연히 쥐를 밟게 되었다는 뜻으로, 우연히 한 행동이 좋은 성과를 가져왔다는 말이다. 무엇인가를 우연히 알아맞혔거나 우연히 일을 성공으로 이끌었을 때 쓰는 표현이다.

한 번도 많다.
더 이상 기대하지 않음이
현명함이다.

효자가 악처만 못하다

자식이 아무리 잘한다 해도 아내가 훨씬 나음

아무리 효심이 깊은 자식이라 할지라도 아내 역할을 대신할 수 없다는 뜻으로, 남자에게는 아내가 중요하다는 이야기다. 자식이 할수 있는 일은 한계가 있지만 아내가 할 수 있는 일은 한계가 없다는 말이기도 하다.

아내가 해주는 일 중 상당수
자식이 할 수 없는 일이고
아내랑 주고받는 대화 중 상당수
자식과는 하기 어려운 이야기들이다.

ㅎ

훈장 똥은 개도 안 먹는다

선생 노릇은 몹시 힘듦

스트레스가 많은 사람의 똥은 몹시 쓰다는 전제에서 나온 말이다.
똥을 좋아하는 개이지만 선생의 똥은 쓰기 때문에 먹지 않는다는
뜻으로, 교사는 아이들을 가르치느라 속도 많이 썩고 애간장도 많
이 태워야 하는 힘든 직업이라는 이야기다.

맛있는 훈장 똥도 있지 않을까?
훈장의 교육철학, 훈장의 교육방법
다 각각 다른데.

흉이 없으면 며느리 다리가 희단다

생트집을 잡아서 남을 흉봄

며느리 잘못한 것 없어 흉볼 것이 없으니까 다리가 하얀 것을 가지고 트집 잡는다는 뜻으로, 말도 되지 않는 생트집을 잡아서 남을 흉보는 못난 행동을 비꼬는 표현이다.

미움은 괴로움인데
며느리 미워하면 아들도 미워지고 손자까지 미워질 터인데
며느리 미워하면
며느리도 시어머니 미워할 터인데.

ㅎ

흐르는 물도 떠주면 공덕이다

누군가에게 도움 되는 일이라면 아무리 사소할지라도 덕 쌓는 일이 됨

'공덕(功德)'은 공로와 덕행이란 의미로 착한 일을 일컫는다. 흐르는 물을 떠주는 것은 아주 사소하고 쉬운 일이지만 착한 일인 것은 분명하다는 뜻으로, 남을 위해 하는 일은 아무리 하찮을지라도 착한 일이 되는 것이니 망설이지 말고 해야 한다는 이야기다.

목마른 자에게는
물 한 잔도 공덕이 되지만
물 충분히 먹은 자에게는
세상에서 가장 깨끗하고 달콤한 물도 고문이 된다.

속담 찾아보기

O

삶의 무기가 되는 속담 사전

초판 1쇄 2020년 10월 9일
지음 권승호 | **편집** 북지육림 | **본문디자인** 운용 | **제작** 제이오
펴낸곳 지노 | **펴낸이** 도진호, 조소진 | **출판신고** 제2019-000277호
주소 서울특별시 마포구 월드컵북로 400, 5층 19호
전화 070-4156-7770 | **팩스** 031-629-6577 | **이메일** jinopress@gmail.com

ⓒ 권승호, 2020
ISBN 979-11-90282-13-0 (03710)

이 도서의 국립중앙도서관 출판예정도서목록(CIP)은 서지정보유통지원시스템 홈페이지
(http://seoji.nl.go.kr)와 국가자료종합목록 구축시스템(http://kolis-net.nl.go.kr)에서
이용하실 수 있습니다. (CIP제어번호: CIP2020040089)